Autores varios

Constitución de Chile de 1980

Barcelona 2024
Linkgua-ediciones.com

Créditos

Título original: Constitución de Chile.

© 2024, Red ediciones S.L.

e-mail: info@linkgua.com

Diseño de cubierta: Michel Mallard.

ISBN tapa dura: 978-84-1126-138-8.
ISBN rústica: 978-84-9816-118-2.
ISBN ebook: 978-84-9897-150-7

Sumario

Constitución Política de la República de Chile

DECRETO SUPREMO N.º 150 1.150, DE 1980 Ministerio del Interior Publicado en el D.O. de 24.10.80

Santiago, 21 de octubre de 1980. Hoy se decretó lo que sigue: Núm. 1.150. Visto: lo dispuesto por los D.L. N.º 1 y 128, de 1973; 527, de 1974; 3.464 y 3.465, de 1980; y Considerando:

Que la Junta de Gobierno aprobó una nueva Constitución Política de la República de Chile, sometiendo su texto a ratificación plebiscitaria;

Que para tal efecto la Junta de Gobierno convocó a la Nación toda a plebiscito para el día 11 de septiembre de 1980;

Que la voluntad soberana nacional mayoritariamente manifestada en un acto libre, secreto e informado, se pronunció aprobando la Carta Fundamental que le fuera propuesta;

Que el Colegio Escrutador Nacional ha remitido el Acta del escrutinio general de la República que contiene el resultado oficial y definitivo del plebiscito y en que consta la aprobación mayoritaria del pueblo de Chile al nuevo texto Constitucional;

Con el mérito de estos antecedentes e invocando el nombre de Dios Todopoderoso

Decreto

Téngase por aprobada la Constitución Política de la República de Chile cuyo texto oficial es el siguiente:

Capítulo I. Bases de la institucionalidad

Artículo 1. Los hombres nacen libres e iguales en dignidad y derechos.

La familia es el núcleo fundamental de la sociedad.

El Estado reconoce y ampara a los grupos intermedios a través de los cuales se organiza y estructura la sociedad y les garantiza la adecuada autonomía para cumplir sus propios fines específicos.

El Estado está al servicio de la persona humana y su finalidad es promover el bien común, para lo cual debe contribuir a crear las condiciones sociales que permitan a todos y a cada uno de los integrantes de la comunidad nacional su mayor realización espiritual y material posible, con pleno respeto a los derechos y garantías que esta Constitución establece.

Es deber del Estado resguardar la seguridad nacional, dar protección a la población y a la familia, propender al fortalecimiento de ésta, promover la integración armónica de todos los sectores de la Nación y asegurar el derecho de las personas a participar con igualdad de oportunidades en la vida nacional.

Artículo 2. Son emblemas nacionales la bandera nacional, el escudo de armas de la República y el himno nacional.

Artículo 3. El Estado de Chile es unitario, su territorio se divide en regiones. Su administración será funcional y territorialmente descentralizada, o desconcentrada en su caso, en conformidad con la ley.

Artículo 4. Chile es una república democrática.[1]

Artículo 5. La soberanía reside esencialmente en la Nación. Su ejercicio se realiza por el pueblo a través del plebiscito y de elecciones periódicas y,

---

1   Este artículo fue sustituido por el artículo 1 de la Ley N.º 19.097, DO 12.11.91.

también, por las autoridades que esta Constitución establece. Ningún sector del pueblo ni individuo alguno puede atribuirse su ejercicio.

El ejercicio de la soberanía reconoce como limitación el respeto a los derechos esenciales que emanan de la naturaleza humana. Es deber de los órganos del Estado respetar y promover tales derechos, garantizados por esta Constitución, así como por los tratados internacionales ratificados por Chile y que se encuentren vigentes.[2]

Artículo 6. Los órganos del Estado deben someter su acción a la Constitución y a las normas dictadas conforme a ella.

Los preceptos de esta Constitución obligan tanto a los titulares o integrantes de dichos órganos como a toda persona, institución o grupo.

La infracción de esta norma generará las responsabilidades y sanciones que determine la ley.

Artículo 7. Los órganos del Estado actúan válidamente previa investidura regular de sus integrantes, dentro de su competencia y en la forma que prescriba la ley.

Ninguna magistratura, ninguna persona ni grupo de personas pueden atribuirse, ni aun a pretexto de circunstancias extraordinarias, otra autoridad o derechos que los que expresamente se les hayan conferido en virtud de la Constitución o las leyes.

Todo acto en contravención a este **Artículo** es nulo y originará las responsabilidades y sanciones que la ley señale.

Artículo 8. Derogado.[3]

---

2   Este inciso fue modificado por el artículo 1 de la Ley N.º 18.825, DO 17.08.89.
3   Este artículo fue derogado por el artículo único número 2 de la Ley N.º 18.825, DO 17.08.89.

Artículo 9. El terrorismo, en cualquiera de sus formas, es por esencia contrario a los derechos humanos.

Una ley de quórum calificado determinará las conductas terroristas y su penalidad. Los responsables de estos delitos quedarán inhabilitados por el plazo de quince años para ejercer funciones o cargos públicos, sean o no de elección popular, o de rector o director de establecimiento de educación, o para ejercer en ellos funciones de enseñanza; para explotar un medio de comunicación social o ser director o administrador del mismo, o para desempeñar en él funciones relacionadas con la emisión o difusión de opiniones o informaciones; ni podrán ser dirigentes de organizaciones políticas o relacionadas con la educación o de carácter vecinal, profesional, empresarial, sindical, estudiantil o gremial en general, durante dicho plazo. Lo anterior se entiende sin perjuicio de otras inhabilidades o de las que por mayor tiempo establezca la ley.[4]

Los delitos a que se refiere el inciso anterior serán considerados siempre comunes y no políticos para todos los efectos legales y no procederá respecto de ellos el indulto particular, salvo para conmutar la pena de muerte por la de presidio perpetuo.[5]

Capítulo II. Nacionalidad y ciudadanía

Artículo 10. Son chilenos:

1.º Los nacidos en el territorio de Chile, con excepción de los hijos de extranjeros que se encuentren en Chile en servicio de su Gobierno, y de los hijos de extranjeros transeúntes, todos los que, sin embargo, podrán optar por la nacionalidad chilena;

---

4   Este inciso fue modificado por el artículo único número 3 de la Ley N.º 18.825, DO 17.08.89.
5   Este inciso fue sustituido por el artículo único número 1 de la Ley N.º 19.055, DO 01.04.91.

2.º Los hijos de padre o madre chilenos nacidos en territorio extranjero, hallándose cualquiera de éstos en actual servicio de la República, quienes se considerarán para todos los efectos como nacidos en el territorio chileno;

3.º Los hijos de padre o madre chilenos, nacidos en territorio extranjero, por el solo hecho de avecindarse por más de un año en Chile;

4.º Los extranjeros que obtuvieren carta de nacionalización en conformidad a la ley, renunciando expresamente a su nacionalidad anterior. No se exigirá esta renuncia a los nacidos en país extranjero que, en virtud de un tratado internacional, conceda este mismo beneficio a los chilenos.

Los nacionalizados en conformidad a este número tendrán opción a cargos públicos de elección popular solo después de cinco años de estar en posesión de sus cartas de nacionalización; y

5.º Los que obtuvieren especial gracia de nacionalización por ley.

La ley reglamentará los procedimientos de opción por la nacionalidad chilena; de otorgamiento, negativa y cancelación de las cartas de nacionalización, y la formación de un registro de todos estos actos.

Artículo 11. La nacionalidad chilena se pierde:

1.º Por nacionalización en país extranjero, salvo en el caso de aquellos chilenos comprendidos en los números 1.º, 2.º y 3.º del **Artículo** anterior que hubieren obtenido otra nacionalidad sin renunciar a su nacionalidad chilena y de acuerdo con lo establecido en el N.º 4.º del mismo **Artículo**.

La causal de pérdida de la nacionalidad chilena señalada precedentemente no regirá respecto de los chilenos que, en virtud de disposiciones constitucionales, legales o administrativas del Estado en cuyo territorio residan, adopten la nacionalidad extranjera como condición de su permanencia en él o de igualdad jurídica en el ejercicio de los derechos civiles con los nacionales del respectivo país;

2.º Por decreto supremo, en caso de prestación de servicios durante una guerra exterior a enemigos de Chile o de sus aliados;

3.º Por sentencia judicial condenatoria por delitos contra la dignidad de la patria o los intereses esenciales y permanentes del Estado, así considerados por ley aprobada con quórum calificado. En estos procesos, los hechos se apreciarán siempre en conciencia;

4.º Por cancelación de la carta de nacionalización, y

5.º Por ley que revoque la nacionalización concedida por gracia.

Los que hubieren perdido la nacionalidad chilena por cualquiera de las causales establecidas en este **Artículo**, solo podrán ser rehabilitados por ley.

Artículo 12. La persona afectada por acto o resolución de autoridad administrativa que la prive de su nacionalidad chilena o se la desconozca, podrá recurrir, por sí o por cualquiera a su nombre, dentro del plazo de treinta días, ante la Corte Suprema, la que conocerá como jurado y en tribunal pleno. La interposición del recurso suspenderá los efectos del acto o resolución recurridos.

Artículo 13. Son ciudadanos los chilenos que hayan cumplido dieciocho años de edad y que no hayan sido condenados a pena aflictiva.

La calidad de ciudadano otorga los derechos de sufragio, de optar a cargos de elección popular y los demás que la Constitución o la ley confieran.

Artículo 14. Los extranjeros avecindados en Chile por más de cinco años, y que cumplan con los requisitos señalados en el inciso primero del **Artículo**

13, podrán ejercer el derecho de sufragio en los casos y formas que determine la ley.

Artículo 15. En las votaciones populares, el sufragio será personal, igualitario y secreto. Para los ciudadanos será, además, obligatorio.

Solo podrá convocarse a votación popular para las elecciones y plebiscitos expresamente previstos en esta Constitución.

Artículo 16. El derecho de sufragio se suspende:

1.º Por interdicción en caso de demencia;

2.º Por hallarse la persona procesada por delito que merezca pena aflictiva o por delito que la ley califique como conducta terrorista, y

3.º Por haber sido sancionado por el Tribunal Constitucional en conformidad al inciso séptimo del número 15.º del **Artículo** 19 de esta Constitución. Los que por esta causa se hallaren privados del ejercicio del derecho de sufragio lo recuperarán al término de cinco años, contado desde la declaración del Tribunal. Esta suspensión no producirá otro efecto legal, sin perjuicio de lo dispuesto en el inciso séptimo del número 15.º del **Artículo** 19.[6]

Artículo 17. La calidad de ciudadano se pierde:

1.º Por pérdida de la nacionalidad chilena;

2.º Por condena a pena aflictiva, y

3.º Por condena por delitos que la ley califique como conducta terrorista.

---

6   Este inciso fue modificado por el número 4 del artículo único de la Ley N.º 18.825 DO 17.08.89.

Los que hubieren perdido la ciudadanía por la causal señalada en el número 2.º podrán solicitar su rehabilitación al Senado, una vez extinguida su responsabilidad penal. Los que hubieren perdido la ciudadanía por la causal prevista en el número 3.º solo podrán ser rehabilitados en virtud de una ley de quórum calificado, una vez cumplida la condena.

Artículo 18. Habrá un sistema electoral público. Una ley orgánica constitucional determinará su organización y funcionamiento, regulará la forma en que se realizarán los procesos electorales y plebiscitarios, en todo lo no previsto por esta Constitución y, garantizará siempre la plena igualdad entre los independientes y los miembros de partidos políticos tanto en la presentación de candidaturas como en su participación en los señalados procesos.

El resguardo del orden público durante los actos electorales y plebiscitarios corresponderá a las Fuerzas Armadas y Carabineros del modo que indique la ley.

Capítulo III. De los derechos y deberes constitucionales

Artículo 19. La Constitución asegura a todas las personas:

1.º El derecho a la vida y a la integridad física y psíquica de la persona.

La ley protege la vida del que está por nacer.

La pena de muerte solo podrá establecerse por delito contemplado en ley aprobada con quórum calificado.

Se prohíbe la aplicación de todo apremio ilegítimo;

2.º La igualdad ante la ley. En Chile no hay persona ni grupos privilegiados. En Chile no hay esclavos y el que pise su territorio queda libre.

Ni la ley ni autoridad alguna podrán establecer diferencias arbitrarias;

3.º La igual protección de la ley en el ejercicio de sus derechos.

Toda persona tiene derecho a defensa jurídica en la forma que la ley señale y ninguna autoridad o individuo podrá impedir, restringir o perturbar la debida intervención del letrado, si hubiere sido requerida. Tratándose de los integrantes de las Fuerzas Armadas y de Orden y Seguridad Pública, este derecho se regirá en lo concerniente a lo administrativo y disciplinario, por las normas pertinentes de sus respectivos estatutos.

La ley arbitrará los medios para otorgar asesoramiento y defensa jurídica a quienes no puedan procurárselos por sí mismos.

Nadie puede ser juzgado por comisiones especiales, sino por el tribunal que le señale la ley y que se halle establecido con anterioridad por ésta.

Toda sentencia de un órgano que ejerza jurisdicción debe fundarse en un proceso previo legalmente tramitado. Corresponderá al legislador establecer siempre las garantías de un racional y justo procedimiento.

La ley no podrá presumir de derecho la responsabilidad penal.

Ningún delito se castigará con otra pena que la que señale una ley promulgada con anterioridad a su perpetración, a menos que una nueva ley favorezca al afectado.

Ninguna ley podrá establecer penas sin que la conducta que se sanciona esté expresamente descrita en ella;

4.º El respeto y protección a la vida privada y pública y a la honra de la persona y de su familia.

La infracción de este precepto, cometida a través de un medio de comunicación social, y que consistiere en la imputación de un hecho o acto falso, o que cause injustificadamente daño o descrédito a una persona o a su familia, será constitutiva de delito y tendrá la sanción que determine la ley. Con todo, el medio de comunicación social podrá excepcionarse probando ante el tribunal correspondiente la verdad de la imputación, a menos que ella constituya por sí misma el delito de injuria a particulares. Además, los propietarios, editores, directores y administradores del medio de comunicación social respectivo serán solidariamente responsables de las indemnizaciones que procedan;

5.º La inviolabilidad del hogar y de toda forma de comunicación privada. El hogar solo puede allanarse y las comunicaciones y documentos privados interceptarse, abrirse o registrarse en los casos y formas determinados por la ley.

6.º La libertad de conciencia, la manifestación de todas las creencias y el ejercicio libre de todos los cultos que no se opongan a la moral, a las buenas costumbres o al orden público.

Las confesiones religiosas podrán erigir y conservar templos y sus dependencias bajo las condiciones de seguridad e higiene fijadas por las leyes y ordenanzas.

Las iglesias, las confesiones e instituciones religiosas de cualquier culto tendrán los derechos que otorgan y reconocen, con respecto a los bienes, las leyes actualmente en vigor. Los templos y sus dependencias, destinados exclusivamente al servicio de un culto, estarán exentos de toda clase de contribuciones;

7.º El derecho a la libertad personal y a la seguridad individual.

En consecuencia:

a. Toda persona tiene derecho de residir y permanecer en cualquier lugar de la República, trasladarse de uno a otro y entrar y salir de su territorio, a condición de que se guarden las normas establecidas en la ley y salvo siempre el perjuicio de terceros;

b. Nadie puede ser privado de su libertad personal ni ésta restringida sino en los casos y en la forma determinados por la Constitución y las leyes;

c. Nadie puede ser arrestado o detenido sino por orden de funcionario público expresamente facultado por la ley y después de que dicha orden le sea intimada en forma legal. Sin embargo, podrá ser detenido el que fuere sorprendido en delito flagrante, con el solo objeto de ser puesto a disposición del juez competente dentro de las veinticuatro horas siguientes.

d. Si la autoridad hiciere arrestar o detener a alguna persona, deberá, dentro de las cuarenta y ocho horas siguientes, dar aviso al juez competente, poniendo a su disposición al afectado. El juez podrá, por resolución fundada, ampliar este plazo hasta por cinco días, y hasta por diez días, en el caso que se investigaren hechos calificados por la ley como conductas terroristas;

e. Nadie puede ser arrestado o detenido, sujeto a prisión preventiva o preso, sino en su casa o en lugares públicos destinados a este objeto.

f. Los encargados de las prisiones no pueden recibir en ellas a nadie en calidad de arrestado o de tenido, procesado o preso, sin dejar constancia de la orden correspondiente, emanada de autoridad que tenga facultad legal, en un registro que será público.

Ninguna incomunicación puede impedir que el funcionario encargado de la c asa de detención visite al arrestado o detenido, procesado o preso, que se encuentre en ella. Este funcionario está obligado, siempre que el arrestado o detenido lo requiera, a transmitir al juez competente la copia de la orden de detención, o a reclamar para que se le de dicha copia, o a dar él mismo un certificado de hallarse detenido aquel individuo, si al tiempo de su detención se hubiere omitido este requisito;

g. La libertad provisional procederá a menos que la detención o la prisión preventiva sea considerada por el juez como necesaria para las investigaciones del sumario o para la seguridad del ofendido o de la sociedad. La ley establecerá los requisitos y modalidades para obtenerla.

h. La resolución que otorgue la libertad provisional a los procesados por los delitos a que se refiere el **Artículo** 9.º, deberá siempre elevarse en consulta. Esta y la apelación de la resolución que se pronuncie sobre la excarcelación serán conocidas por el Tribunal superior que corresponda integrado exclusivamente por miembros titulares. La resolución que apruebe u otorgue la libertad requerirá ser acordada por unanimidad. Mientras dure la libertad provisional el reo quedará siempre sometido a las medidas de vigilancia de la autoridad que la ley contemple.[7]

i. En las causas criminales no se podrá obligar al inculpado a que declare bajo juramento sobre hecho propio; tampoco podrán ser obligados a declarar en contra de éste sus ascendientes, descendientes, cónyuge y demás personas que, según los casos y circunstancias, señale la ley;

j. No podrá imponerse la pena de confiscación de bienes, sin perjuicio del comiso en los casos establecidos por las leyes; pero dicha pena será procedente respecto de las asociaciones ilícitas;

k. No podrá aplicarse como sanción la pérdida de los derechos previsionales,

l. Una vez dictado sobreseimiento definitivo o sentencia absolutoria, el que hubiere sido sometido a proceso o condenado en cualquier instancia por resolución que la Corte Suprema declare injustificadamente errónea o arbitraria, tendrá derecho a ser indemnizado por el Estado de los perjuicios patrimoniales y morales que haya sufrido. La indemnización será determinada judicialmente en procedimiento breve y sumario y en él la prueba se apreciará en conciencia;

8.º El derecho a vivir en un medio ambiente libre de contaminación. Es deber del Estado velar para que este derecho no sea afectado y tutelar la preservación de la naturaleza.

La ley podrá establecer restricciones específicas al ejercicio de determinados derechos o libertades para proteger el medio ambiente;

---

7   Este inciso fue agregado por el artículo único número 2 de la Ley N.º 19.055 DO de 01.04.91.

9.º El derecho a la protección de la salud.

El Estado protege el libre e igualitario acceso a las acciones de promoción, protección y recuperación de la salud y de rehabilitación del individuo.

Le corresponderá, asimismo, la coordinación y control de las acciones relacionadas con la salud.

Es deber preferente del Estado garantizar la ejecución de las acciones de salud, sea que se presten a través de instituciones públicas o privadas, en la forma y condiciones que determine la ley, la que podrá establecer cotizaciones obligatorias.

Cada persona tendrá el derecho a elegir el sistema de salud al que desee acogerse, sea éste estatal o privado;

10.º El derecho a la educación.

La educación tiene por objeto el pleno desarrollo de la persona en las distintas etapas de su vida.

Los padres tienen el derecho preferente y el deber de educar a sus hijos. Corresponderá al Estado otorgar especial protección al ejercicio de este derecho.

La educación básica es obligatoria, debiendo el Estado financiar un sistema gratuito con tal objeto, destinado a asegurar el acceso a ella de toda la población.

Corresponderá al Estado, asimismo, fomentar el desarrollo de la educación en todos sus niveles; estimular la investigación científica y tecnológica, la creación artística y la protección e incremento del patrimonio cultural de la Nación.

Es deber de la comunidad contribuir al desarrollo y perfeccionamiento de la educación;

11.º La libertad de enseñanza incluye el derecho de abrir, organizar y mantener establecimientos educacionales.

La libertad de enseñanza no tiene otras limitaciones que las impuestas por la moral, las buenas costumbres, el orden público y la seguridad nacional.

La enseñanza reconocida oficialmente no podrá orientarse a propagar tendencia político partidista alguna.

Los padres tienen el derecho de escoger el establecimiento de enseñanza para sus hijos.

Una ley orgánica constitucional establecerá los requisitos mínimos que deberán exigirse en cada uno de los niveles de la enseñanza básica y media y señalará las normas objetivas, de general aplicación, que permitan al Estado velar por su cumplimiento. Dicha ley, del mismo modo, establecer los requisitos para el reconocimiento oficial de los establecimientos educacionales de todo nivel;

12.º La libertad de emitir opinión y la de informar, sin censura previa, en cualquier forma y por cualquier medio, sin perjuicio de responder de los delitos y abusos que se cometan en el ejercicio de estas libertades, en conformidad a la ley, la que deber ser de quórum calificado.

La ley en ningún caso podrá establecer monopolio estatal sobre los medios de comunicación social.

Toda persona natural o jurídica ofendida o injustamente aludida por algún medio de comunicación social, tiene derecho a que su declaración o rectificación sea gratuitamente difundida, en las condiciones que la ley determine, por el medio de comunicación social en que esa información hubiera sido emitida.

Toda persona natural o jurídica tiene el derecho de fundar, editar y mantener diarios, revistas y periódicos, en las condiciones que señale la ley.

El Estado, aquellas universidades y demás personas o entidades que la ley determine, podrán establecer, operar y mantener estaciones de televisión.

Habrá un Consejo Nacional de Televisión, autónomo y con personalidad jurídica, encargado de velar por el correcto funcionamiento de este medio de comunicación. Una ley de quórum calificado señalar la organización y demás funciones y atribuciones del referido Consejo.[8]

La ley establecer un sistema de censura para la exhibición y publicidad de la producción cinematográfica;[9]

13.º El derecho a reunirse pacíficamente sin permiso previo y sin armas.

Las reuniones en las plazas, calles y demás lugares de uso público se regirán por las disposiciones generales de policía;

14.º El derecho de presentar peticiones a la autoridad, sobre cualquier asunto de interés público o privado, sin otra limitación que la de proceder en términos respetuosos y convenientes;

15.º El derecho de asociarse sin permiso previo.

Para gozar de personalidad jurídica, las asociaciones deberán constituirse en conformidad a la ley.

---

8   Este inciso fue modificado por el artículo único número 6 de la Ley N.º 18.825, DO 17.08.89.

9   Este inciso fue modificado por el artículo único N.º 6 de la Ley N.º 18.825, DO 17.08.89.

Nadie puede ser obligado a pertenecer a una asociación.

Prohíbense las asociaciones contrarias a la moral, al orden público y a la seguridad del Estado.

Los partidos políticos no podrán intervenir en actividades ajenas a las que les son propias ni tener privilegio alguno o monopolio de la participación ciudadana; la nómina de sus militantes se registrará en el Servicio Electoral del Estado, el que guardará reserva de la misma, la cual será accesible a los militantes del respectivo partido; su contabilidad deberá ser pública; las fuentes de su financiamiento no podrán provenir de dineros, bienes, donaciones, aportes ni créditos de origen extranjero; sus estatutos deberán contemplar las normas que aseguren una efectiva democracia interna. Una ley orgánica constitucional regulará las demás materias que les conciernan y las sanciones que se aplicarán por el incumplimiento de sus preceptos, dentro de las cuales podrá considerar su disolución. Las asociaciones, movimientos, organizaciones o grupos de personas que persigan o realicen actividades propias de los partidos políticos sin ajustarse a las normas anteriores son ilícitos y serán sancionados de acuerdo a la referida ley orgánica constitucional;[10]

La Constitución Política garantiza el pluralismo político. Son inconstitucionales los partidos, movimientos u otras formas de organización cuyos objetivos, actos o conductas no respeten los principios básicos del régimen democrático y constitucional, procuren el establecimiento de un sistema totalitario, como asimismo aquellos que hagan uso de la violencia, la propugnen o inciten a ella como método de acción política. Corresponderá al Tribunal Constitucional declarar esta inconstitucionalidad.[11]

Sin perjuicio de las demás sanciones establecidas en la Constitución o en la Ley, las personas que hubieren tenido participación en los hechos que motiven la declaración de inconstitucionalidad a que se refiere el inciso precedente, no podrán participar en la formación de otros partidos políticos,

---

10   Este inciso fue modificado por el artículo único N.º 7 de la Ley N.º 18.825, DO 17.08.89.
11   Este inciso fue agregado por el artículo único N.º 8 de la Ley N.º 18.825, DO 17.08.89.

movimientos u otras formas de organización política, ni optar a cargos públicos de elección popular ni desempeñar los cargos que se mencionan en los números 1) a 6) del **Artículo** 54, por el término de cinco años, contado desde la resolución del Tribunal. Si a esa fecha las personas referidas estuvieren en posesión de las funciones o cargos indicados, los perderán de pleno derecho.[12]

Las personas sancionadas en virtud de este precepto no podrán ser objeto de rehabilitación durante el plazo señalado en el inciso anterior. La duración de las inhabilidades contempladas en dicho inciso se elevará al doble en caso de reincidencia;[13]

16.º La libertad de trabajo y su protección.

Toda persona tiene derecho a la libre contratación y a la libre elección del trabajo con una justa retribución.

Se prohíbe cualquiera discriminación que no se base en la capacidad o idoneidad personal, sin perjuicio de que la ley pueda exigir la nacionalidad chilena o límites de edad para determinados casos.

Ninguna clase de trabajo puede ser prohibida, salvo que se oponga a la moral, a la seguridad o a la salubridad públicas, o que lo exija el interés nacional y una ley lo declare así. Ninguna ley o disposición de autoridad pública podrá exigir la afiliación a organización o entidad alguna como requisito para desarrollar una determinada actividad o trabajo, ni la desafiliación para mantenerse en éstos. La ley determinará las profesiones que requieren grado o título universitario y las condiciones que deben cumplirse para ejercerlas.

La negociación colectiva con la empresa en que laboren es un derecho de los trabajadores, salvo los casos en que la ley expresamente no permita negociar. La ley establecerá las modalidades de la negociación colectiva y los

---

12   Este inciso fue agregado por el artículo único N.º 8 de la Ley N.º 18.825, DO 17.08.89.
13   Este inciso fue agregado por el artículo único número 8 de la Ley N.º 18.825, DO 17.08.89.

procedimientos adecuados para lograr en ella una solución justa y pacífica. La ley señalará los casos en que la negociación colectiva deba someterse a arbitraje obligatorio, el que corresponderá a tribunales especiales de expertos cuya organización y atribuciones se establecerán en ella.

No podrán declararse en huelga los funcionarios del Estado ni de las municipalidades. Tampoco podrán hacerlo las personas que trabajen en corporaciones o empresas, cualquiera que sea su naturaleza, finalidad o función, que atiendan servicios de utilidad pública o cuya paralización cause grave daño a la salud, a la economía del país, al abastecimiento de la población o a la seguridad nacional. La ley establecerá los procedimientos para determinar las corporaciones o empresas cuyos trabajadores estarán sometidos a la prohibición que establece este inciso;

17.º La admisión a todas las funciones y empleos públicos, sin otros requisitos que los que impongan la Constitución y las leyes;

18.º El derecho a la seguridad social.

Las leyes que regulen el ejercicio de este derecho serán de quórum calificado.

La acción del Estado estará dirigida a garantizar el acceso de todos los habitantes al goce de prestaciones básicas uniformes, sea que se otorguen a través de instituciones públicas o privadas. La ley podrá establecer cotizaciones obligatorias.

El Estado supervigilará el adecuado ejercicio del derecho a la seguridad social;

19.º El derecho de sindicarse en los casos y forma que señale la ley. La afiliación sindical será siempre voluntaria.

Las organizaciones sindicales gozarán de personalidad jurídica por el solo hecho de registrar sus estatutos y actas constitutivas en la forma y condiciones que determine la ley.

La ley contemplará los mecanismos que aseguren la autonomía de estas organizaciones. Las organizaciones sindicales no podrán intervenir en actividades político partidistas;[14]

20.º La igual repartición de los tributos en proporción a las rentas o en la progresión o forma que fije la ley, y la igual repartición de las demás cargas públicas.

En ningún caso la ley podrá establecer tributos manifiestamente desproporcionados o injustos.

Los tributos que se recauden, cualquiera que sea su naturaleza, ingresarán al patrimonio de la Nación y no podrán estar afectos a un destino determinado.

Sin embargo, la ley podrá autorizar que determinados tributos puedan estar afectados a fines propios de la defensa nacional. Asimismo, podrá autorizar que los que gravan actividades o bienes que tengan una clara identificación regional o local puedan ser aplicados, dentro de los marcos que la misma ley señale, por las autoridades regionales o comunales para el financiamiento de obras de desarrollo.[15]

21.º El derecho a desarrollar cualquiera actividad económica que no sea contraria a la moral, al orden público o a la seguridad nacional, respetando las normas legales que la regulen.

---

14   Este inciso fue modificado por el artículo único número 9 de la Ley N.º 18.825 DO, 17.08.89.
15   Este inciso fue sustituido por el artículo 2 de la Ley N.º 19.097, DO 12.11.91.

El Estado y sus organismos podrán desarrollar actividades empresariales o participar en ellas solo si una ley de quórum calificado los autoriza. En tal caso, esas actividades estarán sometidas a la legislación común aplicable a los particulares, sin perjuicio de las excepciones que por motivos justificados establezca la ley, la que deberá ser, asimismo, de quórum calificado;

22.º La no discriminación arbitraria en el trato que deben dar el Estado y sus organismos en materia económica.

Solo en virtud de una ley, y siempre que no signifique tal discriminación, se podrán autorizar determinados beneficios directos o indirectos en favor de algún sector, actividad o zona geográfica, o establecer gravámenes especiales que afecten a uno u otras. En el caso de las franquicias o beneficios indirectos, la estimación del costo de éstos deberá incluirse anualmente en la Ley de Presupuestos;

23.º La libertad para adquirir el dominio de toda clase de bienes, excepto aquellos que la naturaleza ha hecho comunes a todos los hombres o que deban pertenecer a la Nación toda y la ley lo declare así. Lo anterior es sin perjuicio de lo prescrito en otros preceptos de esta Constitución.

Una ley de quórum calificado y cuando así lo exija el interés nacional puede establecer limitaciones o requisitos para la adquisición del dominio de algunos bienes;

24.º El derecho de propiedad en sus diversas especies sobre toda clase de bienes corporales o incorporales.

Solo la ley puede establecer el modo de adquirir la propiedad, de usar, gozar y disponer de ella y las limitaciones y obligaciones que deriven de su función social. Esta comprende cuanto exijan los intereses generales de la Nación, la seguridad nacional, la utilidad y la salubridad públicas y la conservación del patrimonio ambiental.[16]

Nadie puede, en caso alguno, ser privado de su propiedad, del bien sobre que recae o de algunos de los atributos o facultades esenciales del dominio, sino en virtud de ley general o especial que autorice la expropiación por causa de utilidad pública o de interés nacional, calificada por el legislador. El expropiado podrá reclamar de la legalidad del acto expropiatorio ante los tribunales ordinarios y tendrá siempre derecho a indemnización por el daño patrimonial efectivamente causado, la que se fijará de común acuerdo o en sentencia dictada conforme a derecho por dichos tribunales.

A falta de acuerdo, la indemnización deberá ser pagada en dinero efectivo al contado.

La toma de posesión material del bien expropiado tendrá lugar previo pago del total de la indemnización, la que, a falta de acuerdo, será determinada provisionalmente por peritos en la forma que señale la ley. En caso de reclamo acerca de la procedencia de la expropiación, el juez podrá, con el mérito de los antecedentes que se invoquen, decretar la suspensión de la toma de posesión.

El Estado tiene el dominio absoluto, exclusivo, inalienable e imprescriptible de todas las minas, comprendiéndose en éstas las covaderas, las arenas metalíferas, los salares, los depósitos de carbón e hidrocarburos y las demás sustancias fósiles, con excepción de las arcillas superficiales, no obstante la propiedad de las personas naturales o jurídicas sobre los terrenos en cuyas entrañas estuvieren situadas. Los predios superficiales estarán sujetos a las obligaciones y limitaciones que la ley señale para facilitar la exploración, la explotación y el beneficio de dichas minas.

---

16   El inciso 2 de este número fue derogado por el artículo único número 10 de la Ley N.º 18.825, DO 17.08.89.

Corresponde a la ley determinar qué sustancias de aquellas a que se refiere el inciso precedente, exceptuados los hidrocarburos líquidos o gaseosos, pueden ser objeto de concesiones de exploración o de explotación. Dichas concesiones se constituirán siempre por resolución judicial y tendrán la duración, conferirán los derechos e impondrán las obligaciones que la ley exprese, la que tendrá el carácter de orgánica constitucional. La concesión minera obliga al dueño a desarrollar la actividad necesaria para satisfacer el interés público que justifica su otorgamiento. Su régimen de amparo será establecido por dicha ley, tenderá directa o indirectamente a obtener el cumplimiento de esa obligación y contemplará causales de caducidad para el caso de incumplimiento o de simple extinción del dominio sobre la concesión. En todo caso, dichas causales y sus efectos deben estar establecidos al momento de otorgarse la concesión.

Será de competencia exclusiva de los tribunales ordinarios de justicia declarar la extinción de tales concesiones. Las controversias que se produzcan respecto de la caducidad o extinción del dominio sobre la concesión serán resueltas por ellos; y en caso de caducidad, el afectado podrá requerir de la justicia la declaración de subsistencia de su derecho.

El dominio del titular sobre su concesión minera está protegido por la garantía constitucional de que trata este número.

La exploración, la explotación o el beneficio de los yacimientos que contengan sustancias no susceptibles de concesión, podrán ejecutarse directamente por el Estado o por sus empresas, o por medio de concesiones administrativas o de contratos especiales de operación, con los requisitos y bajo las condiciones que el Presidente de la República fije, para cada caso, por decreto supremo. Esta norma se aplicará también a los yacimientos de cualquier especie existentes en las aguas marítimas sometidas a la jurisdicción nacional y a los situados, en todo o en parte, en zonas que, conforme a la ley, se determinen como de importancia para la seguridad nacional. El Presidente de la República podrá poner término, en cualquier tiempo, sin expresión de causa y con la indemnización que corresponda, a las concesiones administrativas o a los contratos de operación relativos a explotaciones ubicadas en zonas declaradas de importancia para la seguridad nacional.

Los derechos de los particulares sobre las aguas, reconocidos o constituidos en conformidad a la ley, otorgarán a sus titulares la propiedad sobre ellos.

25.º El derecho del autor sobre sus creaciones intelectuales y artísticas de cualquier especie por el tiempo que señale la ley y que no será inferior al de la vida del titular.

El derecho de autor comprende la propiedad de las obras y otros derechos, como la paternidad, la edición y la integridad de la obra, todo ello en conformidad a la ley.

Se garantiza, también, la propiedad industrial sobre las patentes de invención, marcas comerciales, modelos, procesos tecnológicos u otras creaciones análogas, por el tiempo que establezca la ley.

Será aplicable a la propiedad de las creaciones intelectuales y artísticas y a la propiedad industrial lo prescrito en los incisos segundo, tercero, cuarto y quinto del número anterior, y

26.º La seguridad de que los preceptos legales que por mandato de la Constitución regulen o complementen las garantías que ésta establece o que las limiten en los casos en que ella lo autoriza, no podrán afectar los derechos en su esencia, ni imponer condiciones, tributos o requisitos que impidan su libre ejercicio.

Artículo 20. El que por causa de actos u omisiones arbitrarios o ilegales, sufra privación, perturbación o amenaza en el legítimo ejercicio de los derechos y garantías establecidos en el **Artículo** 19, números 1.º, 2.º, 3.º inciso cuarto, 4.º, 5.º, 6.º, 9.º inciso final, 11.º, 12.º, 13.º, 15.º, 16.º en lo relativo a la libertad de trabajo y al derecho a su libre elección y libre contratación, y a lo establecido en el inciso cuarto, 19.º, 21.º, 22.º, 23.º, 24.º y 25.º podrá ocurrir por sí o por cualquiera a su nombre, a la Corte de Apelaciones respectiva, la que adoptará de inmediato las providencias que juzgue necesarias para restablecer el imperio del derecho y asegurar la debida protección del afectado, sin perjuicio de los demás derechos que pueda hacer valer ante la autoridad o los tribunales correspondientes.

Procederá también, el recurso de protección en el caso del N.º 8 del **Artículo** 19, cuando el derecho a vivir en un medio ambiente libre de contaminación sea afectado por un acto arbitrario e ilegal imputable a una autoridad o persona determinada.

Artículo 21. Todo individuo que se hallare arrestado, detenido o preso con infracción de lo dispuesto en la Constitución o en las leyes, podrá ocurrir por sí, o por cualquiera a su nombre, a la magistratura que señale la ley, a fin de que ésta ordene se guarden las formalidades legales y adopte de inmediato las providencias que juzgue necesarias para restablecer el imperio del derecho y asegurar la debida protección del afectado.

Esa magistratura podrá ordenar que el individuo sea traído a su presencia y su decreto será precisamente obedecido por todos los encargados de las cárceles o lugares de detención. Instruida de los antecedentes, decretará su libertad inmediata o hará que se reparen los defectos legales o pondrá al individuo a disposición del juez competente, procediendo en todo breve y sumariamente, y corrigiendo por sí esos defectos o dando cuenta a quien corresponda para que los corrija.

El mismo recurso, y en igual forma, podrá ser deducido en favor de toda persona que ilegalmente sufra cualquiera otra privación, perturbación o amenaza en su derecho a la libertad personal y seguridad individual. La respectiva magistratura dictará en tal caso las medidas indicadas en los incisos anteriores que estime conducentes para restablecer el imperio del derecho y asegurar la debida protección del afectado.

Artículo 22. Todo habitante de la República debe respeto a Chile y a sus emblemas nacionales.

Los chilenos tienen el deber fundamental de honrar a la patria, de defender su soberanía y de contribuir a preservar la seguridad nacional y los valores esenciales de la tradición chilena.

El servicio militar y demás cargas personales que imponga la ley son obligatorios en los términos y formas que ésta determine.

Los chilenos en estado de cargar armas deberán hallarse inscritos en los Registros Militares, si no están legalmente exceptuados.

Artículo 23. Los grupos intermedios de la comunidad y sus dirigentes que hagan mal uso de la autonomía que la Constitución les reconoce, interviniendo indebidamente en actividades ajenas a sus fines específicos, serán sancionados en conformidad a la ley. Son incompatibles los cargos directivos superiores de las organizaciones gremiales con los cargos directivos superiores, nacionales y regionales, de los partidos políticos.[17]

La ley establecerá las sanciones que corresponda aplicar a los dirigentes gremiales que intervengan en actividades político partidistas y a los dirigentes de los partidos políticos que interfieran en el funcionamiento de las organizaciones gremiales y demás grupos intermedios que la propia ley señale.

Capítulo IV. Gobierno

Presidente de la República

Artículo 24. El Gobierno y la administración del Estado corresponden al Presidente de la República, quien es el Jefe del Estado.

---

17   Este inciso fue modificado por el artículo único número 11 18.825, DO 17.08.89.

Su autoridad se extiende a todo cuanto tiene por objeto la conservación del orden público en el interior y la seguridad externa de la República, de acuerdo con la Constitución y las leyes.

El Presidente de la República, a lo menos una vez al año, dará cuenta al país del estado administrativo y político de la nación.

Artículo 25. Para ser elegido Presidente de la República se requiere haber nacido en el territorio de Chile, tener cumplidos cuarenta años de edad y poseer las demás calidades necesarias para ser ciudadano con derecho a sufragio.

El Presidente de la República durará en el ejercicio de sus funciones por el término de seis años y no podrá ser reelegido para el período siguiente.[18]

El Presidente de la República no podrá salir del territorio nacional por más de treinta días ni en los últimos noventa días de su período, sin acuerdo del Senado.

En todo caso, el Presidente de la República comunicará con la debida anticipación al Senado su decisión de ausentarse del territorio y los motivos que la justifican.

Artículo 26. El Presidente será elegido en votación directa y por mayoría absoluta de los sufragios válidamente emitidos. La elección se realizará, en la forma que determine la ley, noventa días antes de aquel en que deba cesar en el cargo el que esté en funciones.

Si a la elección de Presidente se presentaren más de dos candidatos y ninguno de ellos obtuviere más de la mitad de los sufragios válidamente emitidos, se procederá a una nueva elección que se verificará, en la forma que determine la ley, quince días después de que el Tribunal Calificador, dentro del plazo señalado en el **Artículo** siguiente, haga la correspondiente de-

---

18   Este inciso fue modificado por el artículo único de la Ley N.º 19.295, DO 04.03.94.

claración. Esta elección se circunscribirá a los dos candidatos que hubieren obtenido las más altas mayorías relativas.

Para los efectos de lo dispuesto en los dos incisos precedentes, los votos en blanco y los nulos se considerarán como no emitidos.

Artículo 27. El proceso de calificación de la elección presidencial deberá quedar concluido dentro de los cuarenta días siguientes a la primera elección o de los veinticinco días siguientes a la segunda.

El Tribunal Calificador de Elecciones comunicará de inmediato al Presidente del Senado la proclamación de Presidente electo que haya efectuado.

El Congreso Pleno, reunido en sesión pública noventa días después de la primera o única elección y con los miembros que asistan, tomará conocimiento de la resolución en virtud de la cual el Tribunal Calificador proclama al Presidente electo.

En este mismo acto, el Presidente electo prestará ante el Presidente del Senado, juramento o promesa de desempeñar fielmente el cargo de Presidente de la República, conservar la independencia de la Nación, guardar y hacer guardar la Constitución y las leyes, y de inmediato asumirá sus funciones.

Artículo 28. Si el Presidente electo se hallare impedido para tomar posesión del cargo, asumirá, mientras tanto, con el título de Vicepresidente de la República, el Presidente del Senado; a falta de éste, el Presidente de la Corte Suprema, y a falta de éste, el Presidente de la Cámara de Diputados.

Con todo, si el impedimento del Presidente electo fuere absoluto o debiere durar indefinidamente, el Vicepresidente, en los diez días siguientes al acuerdo del Senado adoptado en conformidad al **Artículo** 49, N.º 7.º, expedirá las órdenes convenientes para que se proceda, dentro del plazo de sesenta días, a nueva elección en la forma prevista por la Constitución y la Ley de Elecciones. El Presidente de la República así elegido asumirá sus funciones en la oportunidad que señale esa ley, y durará en el ejercicio de ellas hasta el día en que le habría correspondido cesar en el cargo al electo que no pudo asumir y cuyo impedimento hubiere motivado la nueva elección.[19]

Artículo 29. Si por impedimento temporal, sea por enfermedad, ausencia del territorio u otro grave motivo, el Presidente de la República no pudiere ejercer su cargo, le subrogará, con el título de Vicepresidente de la República, el Ministro titular a quien corresponda de acuerdo con el orden de precedencia legal. A falta de éste, la subrogación corresponderá al Ministro titular que siga en ese orden de precedencia y, a falta de todos ellos, le subrogarán sucesivamente el Presidente del Senado, el Presidente de la Corte Suprema y el Presidente de la Cámara de Diputados.

En caso de vacancia del cargo de Presidente de la República, se producirá la subrogación como en las situaciones del inciso anterior, y se procederá a elegir sucesor en conformidad a las reglas de los incisos siguientes.[20]

Si la vacancia se produjere faltando menos de dos años para la próxima elección general de parlamentarios, el Presidente será elegido por el Congreso Pleno por la mayoría absoluta de los senadores y diputados en ejercicio y durará en el cargo hasta noventa días después de esa elección general. Conjuntamente, se efectuará una nueva elección presidencial por el período señalado en el inciso segundo del **Artículo** 25. La elección por el Congreso será hecha dentro de los diez días siguientes a la fecha de la vacancia y el elegido asumirá su cargo dentro de los treinta días siguientes.[21]

Si la vacancia se produjere faltando dos años o más para la próxima elección general de parlamentarios, el Vicepresidente, dentro de los diez primeros días de su mandato, convocará a los ciudadanos a elección presidencial para el nonagésimo día después de la convocatoria. El Presidente que re-

---

19   Este inciso fue modificado por el artículo único número 12 de la Ley N.º 18.825, DO 17.08.89.
20   Este inciso fue agregado por el artículo único número 13 de la Ley N.º 18.825, DO 17.08.89.
21   Este inciso fue agregado por el artículo único número 13 de la Ley N.º 18.825, DO 17.08.89.

sulte elegido asumirá su cargo el décimo día después de su proclamación y durará en él hasta noventa días después de la segunda elección general de parlamentarios que se verifique durante su mandato, la que se hará en conjunto con la nueva elección presidencial.[22]

El Presidente elegido conforme a alguno de los incisos precedentes no podrá postular como candidato a la elección presidencial siguiente.[23]

Artículo 30. El Presidente cesará en su cargo el mismo día en que se complete su período y le sucederá el recientemente elegido.

Artículo 31. El Presidente designado por el Congreso Pleno o, en su caso, el Vicepresidente de la República tendrá todas las atribuciones que esta Constitución confiere al Presidente de la República.[24]

Artículo 32. Son atribuciones especiales del Presidente de la República:

1.º Concurrir a la formación de las leyes con arreglo a la Constitución, sancionarlas y promulgarlas;

2.º Convocar al Congreso a legislatura extraordinaria y clausurarla;

3.º Dictar, previa delegación de facultades del Congreso, decretos con fuerza de ley sobre las materias que señala la Constitución;

4.º Convocar a plebiscito en los casos del **Artículo** 117;[25]

---

22 Este inciso fue agregado por el artículo único número 13 de la Ley N.º 18.825, DO 17.08.89.
23 Este inciso fue agregado por el artículo único número 13 de la Ley N.º 18.825, DO 17.08.89.
24 Este artículo fue modificado por el artículo único número 14 de la Ley N.º 18.825, DO 17.08.89.
25 Este número fue modificado por el artículo único número 15 de la Ley N.º 18.825, DO 17.08.89.

5.º Derogado.[26]

6.º Designar, en conformidad al **Artículo** 45 de esta Constitución, a los integrantes del Senado que se indican en dicho precepto;

7.º Declarar los estados de excepción constitucional en los casos y formas que se señalan en esta Constitución;

8.º Ejercer la potestad reglamentaria en todas aquellas materias que no sean propias del dominio legal, sin perjuicio de la facultad de dictar los demás reglamentos, decretos e instrucciones que crea convenientes para la ejecución de las leyes;

9.º Nombrar y remover a su voluntad a los ministros de Estado, subsecretarios, intendentes y gobernadores;[27]

10.º Designar a los embajadores y ministros diplomáticos, y a los representantes ante organismos internacionales. Tanto estos funcionarios como los señalados en el N.º 9.º precedente, serán de la confianza exclusiva del Presidente de la República y se mantendrán en sus puestos mientras cuenten con ella;

11.º Nombrar al Contralor General de la República con acuerdo del Senado;

12.º Nombrar y remover a los funcionarios que la ley denomina como de su exclusiva confianza y proveer los demás empleos civiles en conformidad a la ley. La remoción de los demás funcionarios se hará de acuerdo a las disposiciones que ésta determine;

13.º Conceder jubilaciones, retiros, montepíos y pensiones de gracia, con arreglo a las leyes;

---

26 Este número fue derogado por el artículo único número 16 de la Ley N.º 18.825, DO 17.08.89.
27 Este número fue modificado por el artículo 3 de la Ley N.º 19.097, DO 12.11.91.

14.º Nombrar a los magistrados de los tribunales superiores de justicia y a los jueces letrados, a proposición de la Corte Suprema y de las Cortes de Apelaciones, respectivamente, y al miembro del Tribunal Constitucional que le corresponda designar, todo ello conforme a lo prescrito en esta Constitución;

15.º Velar por la conducta ministerial de los jueces y demás empleados del Poder Judicial y requerir, con tal objeto, a la Corte Suprema para que, si procede, declare su mal comportamiento, o al ministerio público, para que reclame medidas disciplinarias del tribunal competente, o para que, si hubiere mérito bastante, entable la correspondiente acusación;

16.º Otorgar indultos particulares en los casos y formas que determine la ley. El indulto será improcedente en tanto no se haya dictado sentencia ejecutoriada en el respectivo proceso. Los funcionarios acusados por la Cámara de Diputados y condenados por el Senado, solo pueden ser indultados por el Congreso;

17.º Conducir las relaciones políticas con las potencias extranjeras y organismos internacionales, y llevar a cabo las negociaciones; concluir, firmar y ratificar los tratados que estime convenientes para los intereses del país, los que deberán ser sometidos a la aprobación del Congreso conforme a lo prescrito en el **Artículo** 50 N.º 1.º Las discusiones y deliberaciones sobre estos objetos serán secretas si el Presidente de la República así lo exigiere;

18.º Designar y remover a los Comandantes en Jefe del Ejército, de la Armada, de la Fuerza Aérea y al General Director de Carabineros en conformidad al **Artículo** 93, y disponer los nombramientos, ascensos y retiros de los Oficiales de las Fuerzas Armadas y de Carabineros en la forma que señala el **Artículo** 94;

19.º Disponer de las fuerzas de aire, mar y tierra, organizarlas y distribuirlas de acuerdo con las necesidades de la seguridad nacional;

20.º Asumir, en caso de guerra, la jefatura suprema de las Fuerzas Armadas;

21.º Declarar la guerra, previa autorización por ley, debiendo dejar constancia de haber oído al Consejo de Seguridad Nacional, y

22.º Cuidar de la recaudación de las rentas públicas y decretar su inversión con arreglo a la ley. El Presidente de la República, con la firma de todos los Ministros de Estado, podrá decretar pagos no autorizados por la ley, para atender necesidades impostergables derivadas de calamidades públicas, de agresión exterior, de conmoción interna, de grave daño o peligro para la seguridad nacional o del agotamiento de los recursos destinados a mantener servicios que no puedan paralizarse sin serio perjuicio para el país. El total de los giros que se hagan con estos objetos no podrá exceder anualmente del dos por ciento (2 %) del monto de los gastos que autorice la Ley de Presupuestos. Se podrá contratar empleados con cargo a esta misma Ley, pero sin que el ítem respectivo pueda ser incrementado ni disminuido mediante traspasos. Los Ministros de Estado o funcionarios que autoricen o den curso a gastos que contravengan lo dispuesto en este número serán responsables solidaria y personalmente de su reintegro, y culpables del delito de malversación de caudales públicos.

Ministros de Estado

Artículo 33. Los Ministros de Estado son los colaboradores directos e inmediatos del Presidente de la República en el gobierno y administración del Estado.

La Ley determinará el número y organización de los Ministerios, como también el orden de precedencia de los Ministros titulares.

El Presidente de la República podrá encomendar a uno o más Ministros la coordinación de la labor que corresponde a los Secretarios de Estado y las relaciones del Gobierno con el Congreso Nacional.

Artículo 34. Para ser nombrado Ministro se requiere ser chileno, tener cumplidos veintiún años de edad y reunir los requisitos generales para el ingreso a la Administración Pública.

En los casos de ausencia, impedimento o renuncia de un Ministro, o cuando por otra causa se produzca la vacancia del cargo, será reemplazado en la forma que establezca la ley.

Artículo 35. Los reglamentos y decretos del Presidente de la República deberán firmarse por el Ministro respectivo y no serán obedecidos sin este esencial requisito.

Los decretos e instrucciones podrán expedirse con la sola firma del Ministro respectivo, por orden del Presidente de la República, en conformidad a las normas que al efecto establezca la ley.

Artículo 36. Los Ministros serán responsables individualmente de los actos que firmaren y solidariamente de los que suscribieren o acordaren con los otros Ministros.

Artículo 37. Los Ministros podrán, cuando lo estimaren conveniente, asistir a las sesiones de la Cámara de Diputados o del Senado, y tomar parte en sus debates, con preferencia para hacer uso de la palabra, pero sin derecho a voto. Durante la votación podrán, sin embargo, rectificar los conceptos emitidos por cualquier diputado o senador al fundamentar su voto. Bases generales de la Administración del Estado

Artículo 38. Una ley orgánica constitucional determinará la organización básica de la Administración Pública, garantizará la carrera funcionaria y los principios de carácter técnico y profesional en que deba fundarse, y asegurará tanto la igualdad de oportunidades de ingreso a ella como la capacitación y el perfeccionamiento de sus integrantes.

Cualquier persona que sea lesionada en sus derechos por la Administración del Estado, de sus organismos o de las municipalidades, podrá reclamar ante los tribunales que determine la ley, sin perjuicio de la responsabilidad que pudiere afectar al funcionario que hubiere causado el daño.[28] Estados de excepción constitucional

Artículo 39. El ejercicio de los derechos y garantías que la Constitución asegura a todas las personas solo puede ser afectado en las siguientes situaciones de excepción: guerra externa o interna, conmoción interior, emergencia y calamidad pública.[29]

Artículo 40. 1.º En situación de guerra externa, el Presidente de la República, con acuerdo del Consejo de Seguridad Nacional, podrá declarar todo o parte del territorio nacional en estado de asamblea.

2.º En caso de guerra interna o conmoción interior, el Presidente de la República podrá, con acuerdo del Congreso, declarar todo o parte del territorio nacional en estado de sitio.

El Congreso, dentro del plazo de diez días, contados desde la fecha en que el Presidente de la República someta la declaración de estado de sitio a su consideración, deberá pronunciarse aceptando o rechazando la proposición, sin que pueda introducir modificaciones. Si el Congreso no se pronunciare dentro de dicho plazo, se entenderá que aprueba la proposición.

Sin embargo, el Presidente de la República, previo acuerdo del Consejo de Seguridad Nacional, podrá aplicar el estado de sitio de inmediato, mientras el Congreso se pronuncia sobre la declaración.

---

28 Este inciso fue modificado por el artículo único número 17 de la Ley N.º 18.825, DO 17.08.89.
29 Este inciso fue sustituido por el artículo único número 18 de la Ley N.º 18.825, DO 17.08.89.

Cada rama del Congreso deberá emitir su pronunciamiento, por la mayoría de los miembros presentes, sobre la declaración de estado de sitio propuesta por el Presidente de la República. Podrá el Congreso, en cualquier tiempo y por la mayoría absoluta de los miembros en ejercicio de cada Cámara, dejar sin efecto el estado de sitio que hubiere aprobado.

La declaración de estado de sitio solo podrá hacerse hasta por un plazo máximo de noventa días, pero el Presidente de la República podrá solicitar su prórroga, la que se tramitará en conformidad a las normas precedentes.

3.º El Presidente de la República, con acuerdo del Consejo de Seguridad Nacional podrá declarar todo o parte del territorio nacional en estado de emergencia, en casos graves de alteración del orden público, daño o peligro para la seguridad nacional, sea por causa de origen interno o externo.

Dicho estado no podrá exceder de noventa días, pudiendo declararse nuevamente si se mantienen las circunstancias.

4.º En caso de calamidad pública, el Presidente de la República, con acuerdo del Consejo de Seguridad Nacional, podrá declarar la zona afectada o cualquiera otra que lo requiera como consecuencia de la calamidad producida, en estado de catástrofe.

5.º El Presidente de la República podrá decretar simultáneamente dos o más estados de excepción si concurren las causales que permiten su declaración.

6.º El Presidente de la República podrá, en cualquier tiempo, poner término a dichos estados.

Artículo 41. 1.º Por la declaración de estado de asamblea el Presidente de la República queda facultado para suspender o restringir la libertad personal, el derecho de reunión, la libertad de información y de opinión y la libertad de trabajo. Podrá también, restringir el ejercicio del derecho de asociación y de sindicación, imponer censura a la correspondencia y a las comunicaciones, disponer requisiciones de bienes y establecer limitaciones al ejercicio del derecho de propiedad.

2.º Por la declaración de estado de sitio, el Presidente de la República podrá trasladar a las personas de un punto a otro del territorio nacional, arrestarlas en sus propias casas o en lugares que no sean cárceles ni en otros que estén destinados a la detención o prisión de reos comunes. Podrá, además, suspender o restringir el ejercicio del derecho de reunión y restringir el ejercicio de las libertades de locomoción, de información y de opinión.

La medida de traslado deberá cumplirse en localidades urbanas que reúnan las condiciones que la ley determine.[30]

3.º Los tribunales de justicia no podrán, en caso alguno, entrar a calificar los fundamentos ni las circunstancias de hecho invocadas por la autoridad para adoptar las medidas en el ejercicio de las facultades excepcionales que le confiere esta Constitución. La interposición y tramitación de los recursos de amparo y de protección que conozcan los tribunales no suspenderán los efectos de las medidas decretadas, sin perjuicio de lo que resuelvan en definitiva respecto de tales recursos.[31]

4.º Por la declaración de estado de emergencia, se podrá restringir el ejercicio de la libertad de locomoción y del derecho de reunión.[32]

5.º Por la declaración del estado de catástrofe el Presidente de la República podrá restringir la circulación de las personas y el transporte de mercaderías, y las libertades de trabajo, de información y de opinión, y de reunión. Podrá asimismo, disponer requisiciones de bienes y establecer limitaciones

---

30 Este inciso fue reemplazado por el artículo único número 19 de la Ley N.º 18.825, DO 17.08.89.
31 Este número fue reemplazado por el artículo único número 20 de la Ley N.º 18.825, DO 17.08.89.
32 Este inciso fue reemplazado por el artículo único número 21 de la Ley N.º 18.825, DO 17.08.89.

al ejercicio del derecho de propiedad y adoptar todas las medidas extraordinarias de carácter administrativo que estime necesarias.

6.º Declarado el estado de emergencia o de catástrofe, las zonas respectivas quedarán bajo la dependencia inmediata del jefe de la Defensa Nacional que el Gobierno designe, quien asumirá el mando con las atribuciones y deberes que la ley señale.

El Presidente de la República estará obligado a informar al Congreso de las medidas adoptadas en virtud de los estados de emergencia y de catástrofe.

7.º Las medidas que se adopten durante los estados de excepción, no podrán prolongarse más allá de la vigencia de dichos estados.[33]

En ningún caso las medidas de restricción y privación de la libertad podrán adoptarse en contra de los parlamentarios, de los jueces, de los miembros del Tribunal Constitucional, del Contralor General de la República y de los miembros del Tribunal Calificador de Elecciones.

8.º Las requisiciones que se practiquen darán lugar a indemnizaciones en conformidad a la ley. También darán derecho a indemnización las limitaciones que se impongan al derecho de propiedad cuando importen privación de alguno de los atributos o facultades esenciales del dominio, y con ello se cause daño.

9.º Una ley orgánica constitucional podrá regular los estados de excepción y facultar al Presidente de la República para ejercer por sí o por otras autoridades las atribuciones señaladas precedentemente, sin perjuicio de lo establecido en los estados de emergencia y de catástrofe.

Capítulo V. Congreso nacional

---

33   Este inciso fue reemplazado por el artículo único número 22 de la Ley N.º 18.825, DO 17.08.89.

Artículo 42. El Congreso Nacional se compone de dos ramas: la Cámara de Diputados y el Senado. Ambas concurren a la formación de las leyes en conformidad a esta Constitución y tienen las demás atribuciones que ella establece. Composición y generación de la Cámara de Diputados y del Senado

Artículo 43. La Cámara de Diputados está integrada por 120 miembros elegidos en votación directa por los distritos electorales que establezca la ley orgánica constitucional respectiva. La Cámara de Diputados se renovará en su totalidad cada cuatro años.[34]

Artículo 44. Para ser elegido diputado se requiere ser ciudadano con derecho a sufragio, tener cumplidos veintiún años de edad, haber cursado la Enseñanza Media o equivalente y tener residencia en la región a que pertenezca el distrito electoral correspondiente durante un plazo no inferior a dos años, contando hacia atrás desde el día de la elección.[35]

Artículo 45. El Senado se compone de miembros elegidos en votación directa por circunscripciones senatoriales, en consideración a las trece regiones del país. Cada región constituirá una circunscripción, excepto seis de ellas que serán divididas, cada una, en dos circunscripciones por la ley orgánica constitucional respectiva. A cada circunscripción corresponde elegir dos senadores.[36]

Los senadores elegidos por votación directa durarán ocho años en su cargo y se renovarán alternadamente cada cuatro años, correspondiendo hacerlo en un período a los representantes de las regiones de número impar y en el siguiente a los de las regiones de número par y la Región Metropolitana.[37]

---

34 Este inciso fue reemplazado por el artículo único número 23 de la Ley N.º 18.825, DO 17.08.89.

35 Este inciso fue reemplazado por el artículo único número 24 de la Ley N.º 18.825, DO 17.08.89.

36 Este inciso fue reemplazado por el artículo único número 25 de la Ley N.º 18.825, DO 17.08.89.

37 Este inciso fue reemplazado por el artículo único número 26 de la Ley N.º 18.825, DO 17.08.89.

El Senado estará integrado también por:

a. Los ex Presidentes de la República que hayan desempeñado el cargo durante seis años en forma continua, salvo que hubiese tenido lugar lo previsto en el inciso tercero del número 1.º del **Artículo** 49 de esta Constitución. Estos senadores lo serán por derecho propio y con carácter vitalicio, sin perjuicio de que les sean aplicables las incompatibilidades, incapacidades y causales de cesación en el cargo contempladas en los artículos 55, 56 y 57 de esta Constitución;

b. Dos ex Ministros de la Corte Suprema, elegidos por ésta en votaciones sucesivas, que hayan desempeñado el cargo a lo menos por dos años continuos;

c. Un ex Contralor General de la República, que haya desempeñado el cargo a lo menos por dos años continuos, elegido también por la Corte Suprema;

d. Un ex Comandante en Jefe del Ejército, uno de la Armada, otro de la Fuerza Aérea, y un ex General Director de Carabineros que hayan desempeñado el cargo a lo menos por dos años, elegidos por el Consejo de Seguridad Nacional;

e. Un ex Rector de universidad estatal o reconocida por el Estado, que haya desempeñado el cargo por un período no inferior a dos años continuos, designado por el Presidente de la República, y

f. Un ex Ministro de Estado, que haya ejercido el cargo por más de dos años continuos, en períodos presidenciales anteriores a aquel en el cual se realiza el nombramiento, designado también por el Presidente de la República.

Los senadores a que se refieren las letras b), c), d), e) y f) de este **Artículo** durarán en sus cargos ocho años. Si solo existieren tres o menos personas que reúnan las calidades y requisitos exigidos por las letras b) a f) de este **Artículo**, la designación correspondiente podrá recaer en ciudadanos que hayan desempeñado otras funciones relevantes en los organismos, instituciones o servicios mencionados en cada una de las citadas letras.

La designación de estos senadores se efectuará cada ocho años dentro de los quince días siguientes a la elección de senadores que corresponda.

No podrán ser designados senadores quienes hubieren sido destituidos por el Senado conforme al **Artículo** 49 de esta Constitución.

Artículo 46. Para ser elegido senador se requiere ser ciudadano con derecho a sufragio, dos años de residencia en la respectiva región contados hacia atrás desde el día de la elección, haber cursado la Enseñanza Media o equivalente y tener cumplidos cuarenta años de edad el día de la elección.[38]

Artículo 47. Se entenderá que los diputados y senadores tienen por el solo ministerio de la ley, su residencia en la región correspondiente, mientras se encuentren en ejercicio de su cargo.

Las elecciones de diputados y de los senadores que corresponda elegir por votación directa se efectuarán conjuntamente. Los parlamentarios podrán ser reelegidos en sus cargos.

Las vacantes de diputados y las de senadores elegidos por votación directa, que se produzcan en cualquier tiempo, se proveerán con el ciudadano que, habiendo integrado la lista electoral del parlamentario que cesó en el cargo, habría resultado elegido si a esa lista hubiere correspondido otro cargo. En caso de no ser aplicable la regla anterior y faltar más de dos años para el término del período del que hubiere cesado en el cargo, la vacante será proveída por la Cámara que corresponda, por mayoría absoluta de sus miembros en ejercicio, de entre los incluidos en una terna propuesta por el partido a que perteneciere quien hubiere motivado la vacante.[39]

El nuevo diputado o senador durará en sus funciones el término que le faltaba al que originó la vacante. Los parlamentarios elegidos como indepen-

---

38 Este artículo fue reemplazado por el artículo único número 27 de la Ley N.º 18.825, DO 17.08.89.
39 Este inciso fue agregado por el artículo número 28 de la Ley N.º 18.825, DO 17.08.89.

dientes que mantuvieren tal calidad a la fecha de producirse la vacante, no serán reemplazados, a menos que hubieren postulado integrando listas en conjunto con un partido político. En este último caso, se aplicará lo dispuesto en el inciso anterior.[40]

En ningún caso procederán elecciones complementarias.[41] Atribuciones exclusivas de la Cámara de Diputados

Artículo 48. Son atribuciones exclusivas de la Cámara de Diputados:

1. Fiscalizar los actos del Gobierno. Para ejercer esta atribución la Cámara puede, con el voto de la mayoría de los diputados presentes, adoptar acuerdos o sugerir observaciones que se transmitirán por escrito al Presidente de la República, debiendo el Gobierno dar respuesta, por medio del Ministro de Estado que corresponda, dentro de treinta días. En ningún caso, dichos acuerdos u observaciones afectarán la responsabilidad política de los Ministros y la obligación del gobierno se entenderá cumplida por el solo hecho de entregar su respuesta.
2. Cualquier diputado podrá solicitar determinados antecedentes al Gobierno siempre que su proposición cuente con el voto favorable de un tercio de los miembros presentes de la Cámara, y
3. Declarar si han o no lugar las acusaciones que no menos de diez ni más de veinte de sus miembros formulen en contra de las siguientes personas:
4.
a. Del Presidente de la República, por actos de su administración que hayan comprometido gravemente el honor o la seguridad de la Nación, o infringido abiertamente la Constitución o las leyes. Esta acusación podrá; interponerse mientras el Presidente esté en funciones y en los seis meses siguientes a su expiración en el cargo. Durante este último tiempo no podrá ausentarse de la República sin acuerdo de la Cámara;
b. De los Ministros de Estado, por haber comprometido gravemente el honor o la seguridad de la Nación, por infringir la Constitución o las leyes o haber

---

40   Este inciso fue agregado por el artículo número 28 de la Ley N.º 18.825, DO 17.08.89.
41   Este inciso fue agregado por el artículo número 28 de la Ley N.º 18.825, DO 17.08.89.

dejado éstas sin ejecución, y por los delitos de traición, concusión, malversación de fondos públicos y soborno;

c. De los magistrados de los tribunales superiores de justicia y del Contralor General de la República, por notable abandono de sus deberes;

d. De los generales o almirantes de las instituciones pertenecientes a las Fuerzas de la Defensa Nacional, por haber comprometido gravemente el honor o la seguridad de la Nación, y

e. De los intendentes y gobernadores, por infracción de la Constitución y por los delitos de traición, sedición, malversación de fondos públicos y concusión.

La acusación se tramitará en conformidad a la ley orgánica constitucional relativa al Congreso.

Las acusaciones referidas en las letras b), c), d) y e) podrán interponerse mientras el afectado esté en funciones o en los tres meses siguientes a la expiración en su cargo. Interpuesta la acusación, el afectado no podrá ausentarse del país sin permiso de la Cámara y no podrá hacerlo en caso alguno si la acusación ya estuviere aprobada por ella.

Para declarar que ha lugar la acusación en contra del Presidente de la República se necesitará el voto de la mayoría de los diputados en ejercicio.

En los demás casos se requerirá el de la mayoría de los diputados presentes y el acusado quedará suspendido en sus funciones desde el momento en que la Cámara declare que ha lugar la acusación. La suspensión cesará si el Senado desestimare la acusación o si no se pronunciare dentro de los treinta días siguientes.

Atribuciones exclusivas del Senado

Artículo 49. Son atribuciones exclusivas del Senado:

1. Conocer de las acusaciones que la Cámara de Diputados entable con arreglo al **Artículo** anterior.
2. El Senado resolverá como jurado y se limitará a declarar si el acusado es o no culpable del delito, infracción o abuso de poder que se le imputa.

La declaración de culpabilidad deberá ser pronunciada por los dos tercios de los senadores en ejercicio cuando se trate de una acusación en contra del Presidente de la República, y por la mayoría de los senadores en ejercicio en los demás casos.

Por la declaración de culpabilidad queda el acusado destituido de su cargo, y no podrá desempeñar ninguna función pública, sea o no de elección popular, por el término de cinco años.

El funcionario declarado culpable será juzgado de acuerdo a las leyes por el tribunal competente, tanto para la aplicación de la pena señalada al delito, si lo hubiere, cuanto para hacer efectiva la responsabilidad civil por los daños y perjuicios causados al Estado o a particulares;

3. Decidir si ha o no lugar la admisión de las acciones judiciales que cualquier persona pretenda iniciar en contra de algún Ministro de Estado, con motivo de los perjuicios que pueda haber sufrido injustamente por acto de éste en el desempeño de su cargo;
4. Conocer de las contiendas de competencia que se susciten entre las autoridades políticas o administrativas y los tribunales superiores de justicia;
5. Otorgar la rehabilitación de la ciudadanía en el caso del **Artículo** 17, número 2.º de esta Constitución;
6. Prestar o negar su consentimiento a los actos del Presidente de la República, en los casos en que la Constitución o la ley lo requieran.
7. Si el Senado no se pronunciare dentro de treinta días después de pedida la urgencia por el Presidente de la República, se tendrá por otorgado su asentimiento;

8. Otorgar su acuerdo para que el Presidente de la República pueda ausentarse del país por más de treinta días o en los últimos noventa días de su período;

9. Declarar la inhabilidad del Presidente de la República o del Presidente electo cuando un impedimento físico o mental lo inhabilite para el ejercicio de sus funciones; y declarar asimismo, cuando el Presidente de la República haga dimisión de su cargo, si los motivos que la originan son o no fundados y, en consecuencia, admitirla o desecharla. En ambos casos deberá oír previamente al Tribunal Constitucional;

10. Aprobar, por la mayoría de sus miembros en ejercicio, la declaración del Tribunal Constitucional a que se refiere la segunda parte del N.º 8.º del **Artículo** 82, y[42]

11. Derogado.[43]

12. Dar su dictamen al Presidente de la República en los casos en que éste lo solicite.

13. El Senado, sus comisiones y sus demás órganos, incluidos los comités parlamentarios si los hubiere, no podrán fiscalizar los actos del gobierno ni de las entidades que de él dependan, ni adoptar acuerdos que impliquen fiscalización.[44]

Atribuciones exclusivas del Congreso

Artículo 50. Son atribuciones exclusivas del Congreso:

1. Aprobar o desechar los tratados internacionales que le presentare el Presidente de la República antes de su ratificación. La aprobación de un tratado se someterá a los trámites de una ley.

---

42   La referencia de este número, al artículo 82 N.º 8 segunda parte, debe entenderse hecha al artículo 82 N.º 7. Este número fue modificado por el artículo único N.º 29 de la Ley N.º 18.825, DO 17.08.89.

43   Este número fue derogado por el artículo único número 29 de la Ley N.º 18.825, DO 17.08.89.

44   Este inciso fue reemplazado por el artículo único N.º 30 de la Ley N.º 18.825, DO 17.08.89.

2. Las medidas que el Presidente de la República adopte o los acuerdos que celebre para el cumplimiento de un tratado en vigor no requerirán nueva aprobación del Congreso, a menos que se trate de materias propias de ley.

En el mismo acuerdo aprobatorio de un tratado, podrá el Congreso autorizar al Presidente de la República a fin de que, durante la vigencia de aquel, dicte las disposiciones con fuerza de ley que estime necesarias para su cabal cumplimiento, siendo en tal caso aplicable lo dispuesto en los incisos segundo y siguientes del **Artículo** 61, y

3. Pronunciarse respecto del estado de sitio, de acuerdo al número 2.º del **Artículo** 40 de esta Constitución.

Funcionamiento del Congreso

Artículo 51. El Congreso abrirá sus sesiones ordinarias el día 21 de mayo de cada año, y las cerrará el 18 de septiembre.

Artículo 52. El Congreso podrá ser convocado por el Presidente de la República a legislatura extraordinaria dentro de los diez últimos días de una legislatura ordinaria o durante el receso parlamentario.

Si no estuviere convocado por el Presidente de la República, el Congreso podrá autoconvocarse a legislatura extraordinaria a través del Presidente del Senado y a solicitud escrita de la mayoría de los miembros en ejercicio de cada una de sus ramas. La autoconvocatoria del Congreso solo procederá durante el receso parlamentario y siempre que no hubiera sido convocado por el Presidente de la República.

Convocado por el Presidente de la República, el Congreso solo podrá ocuparse de los asuntos legislativos o de los tratados internacionales que aquél incluyere en la convocatoria, sin perjuicio del despacho de la Ley de Presupuestos y de la facultad de ambas Cámaras para ejercer sus atribuciones exclusivas.

Convocado por el Presidente del Senado podrá ocuparse de cualquier materia de su incumbencia.

El Congreso se entenderá siempre convocado de pleno derecho para conocer de la declaración de estado de sitio.

Artículo 53. La Cámara de Diputados y el Senado no podrán entrar en sesión ni adoptar acuerdos sin la concurrencia de la tercera parte de sus miembros en ejercicio.

Cada una de las Cámaras establecerá en su propio reglamento la clausura del debate por simple mayoría. Normas comunes para los diputados y senadores

Artículo 54. No pueden ser candidatos a diputados ni a senadores:

1. Los Ministros de Estado;
2. Los intendentes, los gobernadores, los alcaldes, los miembros de los consejos regionales y los concejales;[45]
3. Los miembros del Consejo del Banco Central;
4. Los magistrados de los tribunales superiores de justicia, los jueces de letras y los funcionarios que ejerzan el ministerio público;
5. Los miembros del Tribunal Constitucional, del Tribunal Calificador de Elecciones y de los tribunales electorales regionales;
6. El Contralor General de la República;
7. Las personas que desempeñen un cargo directivo de naturaleza gremial o vecinal, y
8. Las personas naturales y los gerentes o administradores de personas jurídicas que celebren o caucionen contratos con el Estado.

La inhabilidades establecidas en este **Artículo** serán aplicables a quienes hubieren tenido las calidades o cargos antes mencionados dentro del año

---

45   Este número fue sustituido por el artículo 4 de la Ley N.º 19.097, DO 12.11.91.

inmediatamente anterior a la elección; excepto respecto de las personas mencionadas en los números 7) y 8), las que no deberán reunir esas condiciones al momento de inscribir su candidatura. Si no fueren elegidos en una elección no podrán volver al mismo cargo ni ser designados para cargos análogos a los que desempeñaron hasta un año después del acto electoral.[46]

Artículo 55. Los cargos de diputados y senadores son incompatibles entre sí y con todo empleo o comisión retribuidos con fondos del Fisco, de las municipalidades, de las entidades fiscales autónomas, semifiscales o de las empresas del Estado o en las que el Fisco tenga intervención por aportes de capital, y con toda otra función o comisión de la misma naturaleza. Se exceptúan los empleos docentes y las funciones o comisiones de igual carácter de la enseñanza superior, media y especial.

Asimismo, los cargos de diputados y senadores son incompatibles con las funciones de directores o consejeros, aun cuando sean ad honorem, en las entidades fiscales autónomas, semifiscales o en las empresas estatales, o en las que el Estado tenga participación por aporte de capital.

Por el solo hecho de resultar electo, el diputado o senador cesará en el otro cargo, empleo, función o comisión incompatible que desempeñe, a contar de su proclamación por el Tribunal Calificador. En el caso de los ex Presidentes de la República, el solo hecho de incorporarse al Senado significará la cesación inmediata en los cargos, empleos, funciones o comisiones incompatibles que estuvieran desempeñando. En los casos de los senadores a que se refieren las letras b) a f) del inciso tercero del **Artículo** 45, éstos deberán optar entre dicho cargo y el otro cargo, empleo, función o comisión incompatible, dentro de los quince días siguientes a su designación y, a falta de esta opción, perderán la calidad de senador.

Artículo 56. Ningún diputado o senador, desde su incorporación en el caso de la letra a) del **Artículo** 45, desde su proclamación como electo por el

---

46   Este número fue sustituido por el artículo único número 31 de la Ley N.º 18.825, DO 17.08.89.

Tribunal Calificador o desde el día de su designación, según el caso, y hasta seis meses después de terminar su cargo, puede ser nombrado para un empleo, función o comisión de los referidos en el **Artículo** anterior.

Esta disposición no rige en caso de guerra exterior; ni se aplica a los cargos de Presidente de la República, Ministro de Estado y agente diplomático; pero solo los cargos conferidos en estado de guerra son compatibles con las funciones de diputado o senador.

Artículo 57. Cesará en el cargo el diputado o senador que se ausentare del país por más de treinta días sin permiso de la Cámara a que pertenezca o, en receso de ella, de su Presidente.

Cesará en el cargo el diputado o senador que durante su ejercicio celebrare o caucionare contratos con el Estado, el que actuare como abogado o mandatario en cualquier clase de juicio contra el Fisco, o como procurador o agente en gestiones particulares de carácter administrativo, en la provisión de empleos públicos, consejerías, funciones o comisiones de similar naturaleza. En la misma sanción incurrirá el que acepte ser director de banco o de alguna sociedad anónima, o ejercer cargos de similar importancia en estas actividades.

La inhabilidad a que se refiere el inciso anterior tendrá lugar sea que el diputado o senador actúe por sí o por interpósita persona, natural, o jurídica, o por medio de una sociedad de personas de la que forme parte.

Cesará en su cargo el diputado o senador que ejercite influencia ante las autoridades administrativas o judiciales en favor o representación del empleador o de los trabajadores en negociaciones o conflictos laborales, sean del sector público o privado, o que intervengan en ellos ante cualquiera de las partes. Igual sanción se aplicará al parlamentario que actúe o intervenga en actividades estudiantiles, cualquiera que sea la rama de la enseñanza, con el objeto de atentar contra su normal desenvolvimiento.

Sin perjuicio de lo dispuesto en el inciso séptimo del número 15 del **Artículo** 19, cesará asimismo, en sus funciones el diputado o senador que de palabra o por escrito incite a la alteración del orden público o propicie el cambio del orden jurídico institucional por medios distintos de los que establece esta Constitución, o que comprometa gravemente la seguridad o el honor de la Nación.[47]

Quien perdiere el cargo de diputado o senador por cualquiera de las causales señaladas precedentemente no podrá optar a ninguna función o empleo público, sea o no de elección popular, por el término de dos años, salvo los casos del inciso séptimo del número 15.º del **Artículo** 19, en los cuales se aplicarán las sanciones allí contempladas.[48]

Cesará, asimismo, en sus funciones el diputado o senador que, durante su ejercicio, pierda algún requisito general de elegibilidad o incurra en alguna de las causales de inhabilidad a que se refiere el **Artículo** 54, sin perjuicio de la excepción contemplada en el inciso segundo del **Artículo** 56 respecto de los Ministros de Estado.[49]

Artículo 58. Los diputados y senadores solo son inviolables por las opiniones que manifiesten y los votos que emitan en el desempeño de sus cargos, en sesiones de sala o de comisión.

Ningún diputado o senador, desde el día de su elección o designación, o desde el de su incorporación, según el caso, puede ser procesado o privado de su libertad, salvo el caso de delito flagrante, si el Tribunal de Alzada de la jurisdicción respectiva, en pleno, no autoriza previamente la acusación declarando haber lugar a formación de causa. De esta resolución podrá apelarse para ante la Corte Suprema.

---

47 Este inciso fue modificado por el artículo único número 32 de la Ley N.º 18.825, DO 17.08.89.

48 Este inciso fue modificado por el artículo único número 34 de la Ley N.º 18.825, DO 17.08.89.

49 El inciso sexto de este artículo fue derogado por el artículo único N.º 33 de la Ley N.º 18.825, DO 17.08.89.

En caso de ser arrestado algún diputado o senador por delito flagrante, será puesto inmediatamente a disposición del Tribunal de Alzada respectivo, con la información sumaria correspondiente. El Tribunal procederá, entonces, conforme a lo dispuesto en el inciso anterior.

Desde el momento en que se declare, por resolución firme, haber lugar a formación de causa, queda el diputado o senador acusado suspendido de su cargo y sujeto al juez competente.

Artículo 59. Los diputados y senadores percibirán como única renta una dieta equivalente a la remuneración de un Ministro de Estado incluidas todas las asignaciones que a éstos correspondan.

Materias de Ley

Artículo 60. Solo son materias de ley:

1. Las que en virtud de la Constitución deben ser objeto de leyes orgánicas constitucionales;
2. Las que la Constitución exija que sean reguladas por una ley;
3. Las que son objeto de codificación, sea civil, comercial, procesal, penal u otra;
4. Las materias básicas relativas al régimen jurídico laboral, sindical, previsional y de seguridad social;
5. Las que regulen honores públicos a los grandes servidores;
6. Las que modifiquen la forma o características de los emblemas nacionales;
7. Las que autoricen al Estado, a sus organismos y a las municipalidades, para contratar empréstitos, los que deberán estar destinados a financiar proyectos específicos. La ley deberá indicar las fuentes de recursos con cargo a los cuales deba hacerse el servicio de la deuda. Sin embargo, se requerirá de una ley de quórum calificado para autorizar la contratación de aquellos empréstitos cuyo vencimiento exceda del término de duración del respectivo período presidencial.

8. Lo dispuesto en este número no se aplicará al Banco Central;

9. Las que autoricen la celebración de cualquier clase de operaciones que puedan comprometer en forma directa o indirecta el crédito o la responsabilidad financiera del Estado, sus organismos y de las municipalidades. Esta disposición no se aplicará al Banco Central;

10. Las que fijen las normas con arreglo a las cuales las empresas del Estado y aquellas en que éste tenga participación puedan contratar empréstitos, los que en ningún caso podrán efectuarse con el Estado, sus organismos o empresas;

11. Las que fijen las normas sobre enajenación de bienes del Estado o de las municipalidades y sobre su arrendamiento o concesión;

12. Las que establezcan o modifiquen la división política y administrativa del país;

13. Las que señalen el valor, tipo y denominación de las monedas y el sistema de pesos y medidas;

14. Las que fijen las fuerzas de aire, mar y tierra que han de mantenerse en pie en tiempo de paz o de guerra, y las normas para permitir la entrada de tropas extranjeras en el territorio de la República, como asimismo, la salida de tropas nacional es fuera de él;

15. Las demás que la Constitución señale como leyes de iniciativa exclusiva del Presidente de la República;

16. Las que autoricen la declaración de guerra, a propuesta del Presidente de la República;

17. Las que concedan indultos generales y amnistías y las que fijen las normas generales con arreglo a las cuales debe ejercerse la facultad del Presidente de la República para conceder indultos particulares y pensiones de gracia.

18. Las leyes que concedan indultos generales y amnistías requerirán siempre de quórum calificado. No obstante, este quórum será de las dos terceras partes de los diputados y senadores en ejercicio cuando se trate de delitos contemplados en el **Artículo** 9.°;[50]

---

50   Este inciso fue agregado por el artículo único número 3 de la Ley N.° 19.055, DO 01.04.91.

19. Las que señalen la ciudad en que debe residir el Presidente de la República, celebrar sus sesiones el Congreso Nacional y funcionar la Corte Suprema y el Tribunal Constitucional;

20. Las que fijen las bases de los procedimientos que rigen los actos de la administración pública;

21. Las que regulen el funcionamiento de loterías, hipódromos y apuestas en general, y

22. Toda otra norma de carácter general y obligatorio que estatuya las bases esenciales de un ordenamiento jurídico.

Artículo 61. El Presidente de la República podrá solicitar autorización al Congreso Nacional para dictar disposiciones con fuerza de ley durante un plazo no superior a un año sobre materias que correspondan al dominio de la ley.

Esta autorización no podrá extenderse a la nacionalidad, la ciudadanía, las elecciones ni al plebiscito, como tampoco a materias comprendidas en las garantías constitucionales o que deban ser objeto de leyes orgánicas constitucionales o de quórum calificado.

La autorización no podrá comprender facultades que afecten a la organización, atribuciones y régimen de los funcionarios del Poder Judicial, del Congreso Nacional, del Tribunal Constitucional ni de la Contraloría General de la República.

La ley que otorgue la referida autorización señalará las materias precisas sobre las que recaerá la delegación y podrá establecer o determinar las limitaciones, restricciones y formalidades que se estimen convenientes.

A la Contraloría General de la República corresponderá tomar razón de estos decretos con fuerza de ley, debiendo rechazarlos cuando ellos excedan o contravengan la autorización referida.

Los decretos con fuerza de ley estarán sometidos en cuanto a su publicación, vigencia y efectos, a las mismas normas que rigen para la ley.

Formación de la Ley

Artículo 62. Las leyes pueden tener origen en la Cámara de Diputados o en el Senado, por Mensaje que dirija el Presidente de la República o por moción de cualquiera de sus miembros. Las mociones no pueden ser firmadas por más de diez diputados ni por más de cinco senadores.

Las leyes sobre tributos de cualquiera naturaleza que sean, sobre los presupuestos de la administración pública y sobre reclutamiento, solo pueden tener origen en la Cámara de Diputados. Las leyes sobre amnistía y sobre indultos generales solo pueden tener origen en el Senado.

Corresponderá al Presidente de la República la iniciativa exclusiva de los proyectos de ley que tengan relación con la alteración de la división política o administrativa del país, o con la administración financiera o presupuestaria del Estado, incluyendo las modificaciones de la Ley de Presupuestos, y con las materias señaladas en los números 10 y 13 del **Artículo** 60.

Corresponderá, asimismo, al Presidente de la República, la iniciativa exclusiva para:

1.º Imponer, suprimir, reducir o condonar tributos de cualquier clase o naturaleza, establecer exenciones o modificar las existentes y determinar su forma, proporcionalidad o progresión;

2.º Crear nuevos servicios públicos o empleos rentados, sean fiscales, semifiscales, autónomos, de las empresas del Estado o municipales; suprimirlos y determinar sus funciones o atribuciones;

3.º Contratar empréstitos o celebrar cualquiera otra clase de operaciones que puedan comprometer el crédito o la responsabilidad financiera del Estado, de las entidades semifiscales, autónomas, de los gobiernos regionales o de las municipalidades, y condonar, reducir o modificar obligaciones, intereses u otras cargas financieras de cualquiera naturaleza, establecidas en favor del Fisco o de los organismos o entidades referidos;[51]

4.º Fijar, modificar, conceder o aumentar remuneraciones, jubilaciones, pensiones, montepíos, rentas y cualquier otra clase de emolumentos, préstamos o beneficios al personal en servicio o en retiro y a los beneficiarios de montepíos, en su caso, de la administración pública y demás organismos y entidades anteriormente señalados, como asimismo fijar las remuneraciones mínimas de los trabajadores del sector privado, aumentar obligatoriamente sus remuneraciones y demás beneficios económicos o alterar las bases que sirvan para determinarlos; todo ello sin perjuicio de lo dispuesto en los números siguientes;

5.º Establecer las modalidades y procedimientos de la negociación colectiva y determinar los casos en que no se podrá negociar, y

6.º Establecer o modificar las normas sobre seguridad social o que incidan en ella, tanto del sector público como del sector privado.

El Congreso Nacional solo podrá aceptar, disminuir o rechazar los servicios, empleos, emolumentos, préstamos, beneficios, gastos y demás iniciativas sobre la materia que proponga el Presidente de la República.

Artículo 63. Las normas legales que interpreten preceptos constitucionales necesitarán, para su aprobación, modificación o derogación, de las tres quintas partes de los diputados y senadores en ejercicio.

Las normas legales a las cuales la Constitución confiere el carácter de ley orgánica constitucional requerirán, para su aprobación, modificación o derogación, de las cuatro séptimas partes de los diputados y senadores en ejercicio.

---

51   Este número fue modificado por el artículo 5 de la Ley N.º 19.097, DO 12.11.91.

Las normas legales de quórum calificado se establecerán, modificarán o derogarán por la mayoría absoluta de los diputados y senadores en ejercicio.

Las demás normas legales requerirán la mayoría de los miembros presentes de cada Cámara, o las mayorías que sean aplicables conforme a los artículos 65 y siguientes.[52]

Artículo 64. El proyecto de Ley de Presupuestos deberá ser presentado por el Presidente de la República al Congreso Nacional, a lo menos con tres meses de anterioridad a la fecha en que debe empezar a regir; y si el Congreso no lo despachare dentro de los sesenta días contados desde su presentación, regirá el proyecto presentado por el Presidente de la República.

El Congreso Nacional no podrá aumentar ni disminuir la estimación de los ingresos; solo podrá reducir los gastos contenidos en el proyecto de Ley de Presupuestos, salvo los que estén establecidos por ley permanente.

La estimación del rendimiento de los recursos que consulta la Ley de Presupuestos y de los nuevos que establezca cualquiera otra iniciativa de ley, corresponderá exclusivamente al Presidente, previo informe de los organismos técnicos respectivos.

No podrá el Congreso aprobar ningún nuevo gasto con cargo a los fondos de la Nación sin que se indiquen, al mismo tiempo, las fuentes de recursos necesarios para atender dicho gasto.

Si la fuente de recursos otorgada por el Congreso fuere insuficiente para financiar cualquier nuevo gasto que se apruebe, el Presidente de la República, al promulgar la ley, previo informe favorable del servicio o institución a través del cual se recaude el nuevo ingreso, refrendado por la Contraloría

---

52 Este inciso fue sustituido por el artículo único número 35 de la Ley N.º 18.825, DO 17.08.89.

General de la República, deberá reducir proporcionalmente todos los gastos, cualquiera que sea su naturaleza.

Artículo 65. El proyecto que fuere desechado en general en la Cámara de su origen no podrá renovarse sino después de un año. Sin embargo, el Presidente de la República, en caso de un proyecto de su iniciativa, podrá solicitar que el mensaje pase a la otra Cámara y, si ésta lo aprueba en general por los dos tercios de sus miembros presentes, volverá a la de su origen y solo se considerará desechado si esta Cámara lo rechaza con el voto de los dos tercios de sus miembros presentes.[53]

Artículo 66. Todo proyecto puede ser objeto de adiciones o correcciones en los trámites que corresponda, tanto en la Cámara de Diputados como en el Senado; pero en ningún caso se admitirán las que no tengan relación directa con las ideas matrices o fundamentales del proyecto.[54]

Aprobado un proyecto en la Cámara de su origen, pasará inmediatamente a la otra para su discusión.

Artículo 67. El proyecto que fuere desechado en su totalidad por la Cámara revisora será considerado por una comisión mixta de igual número de diputados y senadores, la que propondrá la forma y modo de resolver las dificultades. El proyecto de la comisión mixta volverá a la Cámara de origen y, para ser aprobado tanto en ésta como en la revisora, se requerirá de la mayoría de los miembros presentes en cada una de ellas. Si la comisión mixta no llegare a acuerdo, o si la Cámara de origen rechazare el proyecto de esa comisión, el Presidente de la República podrá pedir que esa Cámara se pronuncie sobre si insiste por los dos tercios de sus miembros presentes en el proyecto que aprobó en el primer trámite. Acordada la insistencia, el proyecto pasará por segunda vez a la Cámara que lo desechó, y solo se en-

---

53   Este artículo fue modificado por el artículo único número 36 de la Ley N.º 18.825, DO 17.08.89.
54   Este inciso fue modificado por el artículo único número 37 de la Ley N.º 18.825, DO 17.08.89.

tenderá que ésta lo reprueba si concurren para ello las dos terceras partes de sus miembros presentes.

Artículo 68. El proyecto que fuere adicionado o enmendado por la Cámara revisora volverá a la de su origen y en ésta se entenderán aprobadas las adiciones y enmiendas con el voto de la mayoría de los miembros presentes.

Si las adiciones o enmiendas fueren reprobadas, se formará una comisión mixta y se procederá en la misma forma indicada en el **Artículo** anterior. En caso de que en la comisión mixta no se produzca acuerdo para resolver las divergencias entre ambas Cámaras, o si alguna de las Cámaras rechazare la proposición de la comisión mixta, el Presidente de la República podrá solicitar a la Cámara de origen que considere nuevamente el proyecto aprobado en segundo trámite por la revisora. Si la Cámara de origen rechazare las adiciones o modificaciones por los dos tercios de sus miembros presentes, no habrá ley en esa parte o en su totalidad; pero, si hubiere mayoría para el rechazo, menor a los dos tercios, el proyecto pasará a la Cámara revisora, y se entenderá aprobado con el voto conforme de las dos terceras partes de los miembros presentes de esta última.[55]

Artículo 69. Aprobado un proyecto por ambas Cámaras será remitido al Presidente de la República, quien, si también lo aprueba, dispondrá su promulgación como ley.

Artículo 70. Si el Presidente de la República desaprueba el proyecto, lo devolverá a la Cámara de su origen con las observaciones convenientes, dentro del término de treinta días.

En ningún caso se admitirán las observaciones que no tengan relación directa con las ideas matrices o fundamentales del proyecto, a menos que hubieran sido consideradas en el mensaje respectivo.

---

55   Este inciso fue modificado por el artículo único número 38 de la Ley N.º 18.825, DO 17.08.89.

Si las dos Cámaras aprobaren las observaciones, el proyecto tendrá fuerza de ley y se devolverá al Presidente para su promulgación.

Si las dos Cámaras desecharen todas o algunas de las observaciones e insistieren por los dos tercios de sus miembros presentes en la totalidad o parte del proyecto aprobado por ellas, se devolverá al Presidente para su promulgación.

Artículo 71. El Presidente de la República podrá hacer presente la urgencia en el despacho de un proyecto, en uno o en todos sus trámites, y en tal caso, la Cámara respectiva deberá pronunciarse dentro del plazo máximo de treinta días.

La calificación de la urgencia corresponderá hacerla al Presidente de la República de acuerdo a la ley orgánica constitucional relativa al Congreso, la que establecerá también todo lo relacionado con la tramitación interna de la ley.

Artículo 72. Si el Presidente de la República no devolviere el proyecto dentro de treinta días, contados desde la fecha de su remisión, se entenderá que lo aprueba y se promulgará como ley. Si el Congreso cerrare sus sesiones antes de cumplirse los treinta días en que ha de verificarse la devolución, el Presidente lo hará dentro de los diez primeros días de la legislatura ordinaria o extraordinaria siguiente.

La promulgación deberá hacerse siempre dentro del plazo de diez días, contados desde que ella sea procedente.

La publicación se hará dentro de los cincos días hábiles siguientes a la fecha en que quede totalmente tramitado el decreto promulgatorio.

Capítulo VI. Poder judicial

Artículo 73. La facultad de conocer de las causas civiles y criminales, de resolverlas y de hacer ejecutar lo juzgado, pertenece exclusivamente a los tribunales establecidos por la ley. Ni el Presidente de la República ni el Congreso pueden, en caso alguno, ejercer funciones judiciales, avocarse causas pendientes, revisar los fundamentos o contenidos de sus resoluciones o hacer revivir procesos fenecidos.

Reclamada su intervención en forma legal y en negocios de su competencia, no podrán excusarse de ejercer su autoridad, ni aun por falta de ley que resuelva la contienda o asunto sometidos a su decisión.

Para hacer ejecutar sus resoluciones y practicar o hacer practicar los actos de instrucción que decreten, los tribunales ordinarios de justicia y los especiales que integran el Poder Judicial podrán impartir órdenes directas a la fuerza pública o ejercer los medios de acción conducentes de que dispusieren. Los demás tribunales lo harán en la forma que la ley determine.

La autoridad requerida deberá cumplir sin más trámite el mandato judicial y no podrá calificar su fundamento u oportunidad, ni la justicia o legalidad de la resolución que se trata de ejecutar.

Artículo 74. Una ley orgánica constitucional determinará la organización y atribuciones de los tribunales que fueren necesarios para la pronta y cumplida administración de justicia en todo el territorio de la República. La misma ley señalará las calidades que respectivamente deban tener los jueces y el número de años que deban haber ejercido la profesión de abogado las personas que fueren nombradas ministros de Corte o jueces letrados.

La ley orgánica constitucional relativa a la organización y atribuciones de los tribunales solo podrá ser modificada oyendo previamente a la Corte Suprema.

Artículo 75. En cuanto al nombramiento de los jueces, la ley se ajustará a los siguientes preceptos generales.

Los ministros y fiscales de la Corte Suprema serán nombrados por el Presidente de la República, eligiéndolos de una nómina de cinco personas que, en cada caso, propondrá la misma Corte. El ministro más antiguo de Corte de Apelaciones que figure en lista de méritos ocupará un lugar en la nómina señalada. Los otros cuatro lugares se llenarán en atención a los merecimientos de los candidatos, pudiendo figurar personas extrañas a la administración de justicia.

Los ministros y fiscales de las Cortes de Apelaciones serán designados por el Presidente de la República, a propuesta en terna de la Corte Suprema.

Los jueces letrados serán designados por el Presidente de la República, a propuesta en terna de la Corte de Apelaciones de la jurisdicción respectiva.

El juez letrado en lo civil o criminal más antiguo de asiento de Corte o el juez letrado civil o criminal más antiguo del cargo inmediatamente inferior al que se trata de proveer y que figure en lista de méritos y exprese su interés en el cargo, ocupará un lugar en la terna correspondiente. Los otros dos lugares se llenarán en atención al mérito de los candidatos.

Sin embargo, cuando se trate del nombramiento de ministros de Corte suplentes, la designación podrá hacerse por la Corte Suprema y, en el caso de los jueces, por la Corte de Apelaciones respectiva. Estas designaciones no podrán durar más de treinta días y no serán prorrogables. En caso de que los tribunales superiores mencionados no hagan uso de esta facultad o de que haya vencido el plazo de la suplencia, se procederá a proveer las vacantes en la forma ordinaria señalada precedentemente.

Artículo 76. Los jueces son personalmente responsables por los delitos de cohecho, falta de observancia en materia sustancial de las leyes que reglan el procedimiento, denegación y torcida administración de justicia y, en general, de toda prevaricación en que incurran en el desempeño de sus funciones.

Tratándose de los miembros de la Corte Suprema, la ley determinará los casos y el modo de hacer efectiva esta responsabilidad.

Artículo 77. Los jueces permanecerán en sus cargos durante su buen comportamiento; pero los inferiores desempeñarán su respectiva judicatura por el tiempo que determinen las leyes.

No obstante lo anterior, los jueces cesarán en sus funciones al cumplir setenta y cinco años de edad; o por renuncia o incapacidad legal sobreviniente o en caso de ser depuestos de sus destinos, por causa legalmente sentenciada. La norma relativa a la edad no regirá respecto al Presidente de la Corte Suprema, quien continuará en su cargo hasta el término de su período.

En todo caso, la Corte Suprema por requerimiento del Presidente de la República, a solicitud de parte interesada, o de oficio, podrá declarar que los jueces no han tenido buen comportamiento y, previo informe del inculpado y de la Corte de Apelaciones respectiva, en su caso, acordar su remoción por la mayoría del total de sus componentes. Estos acuerdos se comunicarán al Presidente de la República para su cumplimiento.

El Presidente de la República, a propuesta o con acuerdo de la Corte Suprema, podrá autorizar permutas u ordenar el traslado de los jueces o demás funcionarios y empleados del Poder Judicial a otro cargo de igual categoría.

Artículo 78. Los magistrados de los tribunales superiores de justicia, los fiscales y los jueces letrados que integran el Poder Judicial, no podrán ser aprehendidos sin orden del tribunal competente, salvo el caso de crimen o simple delito flagrante y solo para ponerlos inmediatamente a disposición del tribunal que debe conocer del asunto en conformidad a la ley.

Artículo 79. La Corte Suprema tiene la superintendencia directiva, correccional y económica de todos los tribunales de la nación. Se exceptúan de esta norma el Tribunal Constitucional, el Tribunal Calificador de Elecciones, los tribunales electorales regionales y los tribunales militares de tiempo de guerra.[56]

Conocerá, además de las contiendas de competencia que se susciten entre las autoridades políticas o administrativas y los tribunales de justicia, que no correspondan al Senado.

Artículo 80. La Corte Suprema, de oficio o a petición de parte, en las materias de que conozca, o que le fueren sometidas en recurso interpuesto en cualquier gestión que se siga ante otro tribunal, podrá declarar inaplicable para esos casos particulares todo precepto legal contrario a la Constitución. Este recurso podrá deducirse en cualquier estado de la gestión, pudiendo ordenar la Corte la suspensión del procedimiento.

Capítulo VII. Tribunal constitucional

Artículo 81. Habrá un Tribunal Constitucional integrado por siete miembros, designados en la siguiente forma:

a. Tres ministros de la Corte Suprema, elegidos por ésta, por mayoría absoluta, en votaciones sucesivas y secretas;
b. Un abogado designado por el Presidente de la República;
c. Dos abogados elegidos por el Consejo de Seguridad Nacional;
d. Un abogado elegido por el Senado, por mayoría absoluta de los senadores en ejercicio.

Las personas referidas en las letras b), c) y d) deberán tener a lo menos quince años de título, haberse destacado en la actividad profesional, universitaria o pública, no podrán tener impedimento alguno que las inhabilite para desempeñar el cargo de juez, estarán sometidas a las normas de los artículos 55 y 56, y sus cargos serán incompatibles con el de diputado o senador, así como también con la calidad de ministro del Tribunal Calificador

---

56   Este inciso fue modificado por el artículo único número 39 de la Ley N.º 18.825, DO 17.08.89.

de Elecciones. Además, en los casos de las letras b) y d), deberán ser personas que sean o hayan sido abogados integrantes de la Corte Suprema por tres años consecutivos, a lo menos.

Los miembros del Tribunal durarán ocho años en sus cargos, se renovarán por parcialidades cada cuatro años y serán inamovibles.

Les serán aplicables las disposiciones de los artículos 77, inciso segundo, en lo relativo a edad y el **Artículo** 78.

Las personas a que se refiere la letra a) cesarán también en sus cargos si dejaren de ser ministros de la Corte Suprema por cualquier causa.

En caso de que un miembro del Tribunal Constitucional cese en su cargo, se procederá a su reemplazo por quien corresponda de acuerdo con el inciso primero de este **Artículo** y por el tiempo que falte al reemplazado para completar su período.

El quórum para sesionar será de cinco miembros. El Tribunal adoptará sus acuerdos por simple mayoría y fallará con arreglo a derecho.

Una ley orgánica constitucional determinará la planta, remuneraciones y estatuto del personal del Tribunal Constitucional, así como su organización y funcionamiento.

Artículo 82. Son atribuciones del Tribunal Constitucional:

1.º Ejercer el control de la constitucionalidad de las leyes orgánicas constitucionales antes de su promulgación y de las leyes que interpreten algún precepto de la Constitución;

2.º Resolver las cuestiones sobre constitucionalidad que se susciten durante la tramitación de los proyectos de ley o de reforma constitucional y de los tratados sometidos a la aprobación del Congreso;

3.º Resolver las cuestiones que se susciten sobre la constitucionalidad de un decreto con fuerza de ley;

4.º Resolver las cuestiones que se susciten sobre constitucionalidad con relación a la convocatoria a un plebiscito, sin perjuicio de las atribuciones que correspondan al Tribunal Calificador de Elecciones;

5.º Resolver los reclamos en caso de que el Presidente de la República no promulgue una ley cuando deba hacerlo, promulgue un texto diverso del que constitucionalmente corresponda o dicte un decreto inconstitucional;

6.º Resolver sobre la constitucionalidad de un decreto o resolución del Presidente de la República que la Contraloría haya representado por estimarlo inconstitucional, cuando sea requerido por el Presidente en conformidad al **Artículo** 88;

7.º Declarar la inconstitucionalidad de las organizaciones y de los movimientos o partidos políticos, como asimismo la responsabilidad de las personas que hubieren tenido participación en los hechos que motivaron la declaración de inconstitucionalidad, en conformidad a lo dispuesto en los incisos sexto, séptimo y octavo del número 15.º del **Artículo** 19 de esta Constitución. Sin embargo, si la persona afectada fuere el Presidente de la República o el Presidente electo, la referida declaración requerirá, además, el acuerdo del Senado adoptado por la mayoría de sus miembros en ejercicio;[57]

8.º Derogado.[58]

9.º Informar al Senado en los casos a que se refiere el **Artículo** 49 N.º 7 de esta Constitución;

---

57 Este número fue reemplazado por el artículo único número 40 de la Ley N.º 18.825, DO 17.08.89.
58 Este número fue derogado por el artículo único número 41 de la Ley N.º 18.825, DO 17.08.89.

10.º Resolver sobre las inhabilidades constitucionales o legales que afecten a una persona para ser designada Ministro de Estado, permanecer en dicho cargo o desempeñar simultáneamente otras funciones;

11.º Pronunciarse sobre las inhabilidades, incompatibilidades y causales de cesación en el cargo de los parlamentarios, y

12.º Resolver sobre la constitucionalidad de los decretos supremos dictados en el ejercicio de la potestad reglamentaria del Presidente de la República, cuando ellos se refieran a materias que pudieran estar reservadas a la ley por mandato del **Artículo** 60.

El Tribunal Constitucional podrá apreciar en conciencia los hechos cuando conozca de las atribuciones indicadas en los números 7.º, 9.º y 10.º, como, asimismo, cuando conozca de las causales de cesación en el cargo de parlamentario.[59]

En el caso del número 1.º, la Cámara de origen enviará al Tribunal Constitucional el proyecto respectivo dentro de los cinco días siguientes a aquel en que quede totalmente tramitado por el Congreso.

En el caso del número 2.º, el Tribunal solo podrá conocer de la materia a requerimiento del Presidente de la República, de cualquiera de las Cámaras o de una cuarta parte de sus miembros en ejercicio, siempre que sea formulado antes de la promulgación de la ley.

El Tribunal deberá resolver dentro del plazo de diez días contado desde que reciba el requerimiento, a menos que decida prorrogarlo hasta por otros diez días por motivos graves y calificados.

---

59   Este inciso fue modificado por el artículo único número 42 de la Ley N.º 18.825, DO 17.08.89.

El requerimiento no suspenderá la tramitación del proyecto; pero la parte impugnada de éste no podrá ser promulgada hasta la expiración del plazo referido, salvo que se trate del proyecto de Ley de Presupuestos o del proyecto relativo a la declaración de guerra propuesta por el Presidente de la República.

En el caso del número 3.º, la cuestión podrá ser planteada por el Presidente de la República dentro del plazo de diez días cuando la Contraloría rechace por inconstitucional un decreto con fuerza de ley. También podrá ser promovida por cualquiera de las Cámaras o por una cuarta parte de sus miembros en ejercicio en caso de que la Contraloría hubiere tomado razón de un decreto con fuerza de ley que se impugne de inconstitucional. Este requerimiento deberá efectuarse dentro del plazo de treinta días, contado desde la publicación del respectivo decreto con fuerza de ley.

En el caso del número 4.º, la cuestión podrá promoverse a requerimiento del Senado o de la Cámara de Diputados, dentro de diez días contados desde la fecha de publicación del decreto que fije el día de la consulta plebiscitaria.

El Tribunal establecerá en su resolución el texto definitivo de la consulta plebiscitaria, cuando ésta fuere procedente.

Si al tiempo de dictarse la sentencia faltaren menos de treinta días para la realización del plebiscito, el Tribunal fijará en ella una nueva fecha comprendida entre los treinta y los sesenta días siguientes al fallo.

En los casos del número 5.º, la cuestión podrá promoverse por cualquiera de las Cámaras o por una cuarta parte de sus miembros en ejercicio, dentro de los treinta días siguientes a la publicación o notificación del texto impugnado o dentro de los sesenta días siguientes a la fecha en que el Presidente de la República debió efectuar la promulgación de la ley. Si el Tribunal acogiere el reclamo promulgará en su fallo la ley que no lo haya sido o rectificará la promulgación incorrecta.

En el caso del número 9.º, el Tribunal solo podrá conocer de la materia a requerimiento de la Cámara de Diputados o de la cuarta parte de sus miembros en ejercicio.

Habrá acción pública para requerir al Tribunal respecto de las atribuciones que se le confieren por los números 7.º y 10.º de este **Artículo**.[60]

Sin embargo, si en el caso del número 7.º la persona afectada fuere el Presidente de la República o el Presidente electo, el requerimiento deberá formularse por la Cámara de Diputados o por la cuarta parte de sus miembros en ejercicio.

En el caso del número 11.º, el Tribunal solo podrá conocer de la materia a requerimiento del Presidente de la República o de no menos de diez parlamentarios en ejercicio.

En el caso del número 12.º, el Tribunal solo podrá conocer de la materia a requerimiento de cualquiera de las Cámaras, efectuado dentro de los treinta días siguientes a la publicación o notificación del texto impugnado.

Artículo 83. Contra las resoluciones del Tribunal Constitucional no procederá recurso alguno, sin perjuicio de que puede el mismo Tribunal, conforme a la ley, rectificar los errores de hecho en que hubiere incurrido.

Las disposiciones que el Tribunal declare inconstitucionales no podrán convertirse en ley en el proyecto o decreto con fuerza de ley de que se trate. En los casos de los números 5.º y 12.º del **Artículo** 82, el decreto supremo impugnado quedará sin efecto de pleno derecho, con el solo mérito de la sentencia del Tribunal que acoja el reclamo.

---

60   Este inciso fue modificado por el artículo único número 42 de la Ley N.º 18.825, DO 17.08.89.

Resuelto por el Tribunal que un precepto legal determinado es constitucional, la Corte Suprema no podrá declararlo inaplicable por el mismo vicio que fue materia de la sentencia.

Capítulo VIII. Justicia electoral

Artículo 84. Un tribunal especial, que se denominará Tribunal Calificador de Elecciones, conocerá el escrutinio general y de la calificación de las elecciones de Presidente de la República, de diputados y senadores; resolverá las reclamaciones a que dieren lugar y proclamará a los que resulten elegidos. Dicho Tribunal conocerá, asimismo, de los plebiscitos, y tendrá las demás atribuciones que determine la ley.

Estará constituido por cinco miembros designados en la siguiente forma:

a. Tres ministros o ex ministros de la Corte Suprema, elegidos por ésta en votaciones sucesivas y secretas, por la mayoría absoluta de sus miembros;
b. Un abogado elegido por la Corte Suprema en la forma señalada precedentemente y que reúna los requisitos que señala el inciso segundo del **Artículo** 81;
c. Un ex presidente del Senado o de la Cámara de Diputados que haya ejercido el cargo por un lapso no inferior a tres años, el que será elegido por sorteo.

Las designaciones a que se refieren las letras b) y c) no podrán recaer en personas que sean parlamentario, candidato a cargos de elección popular, ministro de Estado, ni dirigente de partido político.

Los miembros de este Tribunal durarán cuatro años en sus funciones y les serán aplicables las disposiciones de los artículos 55 y 56 de esta Constitución.

El Tribunal Calificador procederá como jurado en la apreciación de los hechos y sentenciará con arreglo a derecho.

Una ley orgánica constitucional regulará la organización y funcionamiento del Tribunal Calificador.

Artículo 85. Habrá tribunales electorales regionales encargados de conocer el escrutinio general y la calificación de las elecciones que la ley les encomiende, así como de resolver las reclamaciones a que dieren lugar y de proclamar a los candidatos electos. Sus resoluciones serán apelables para ante el Tribunal Calificador de Elecciones en la forma que determine la ley. Asimismo, les corresponderá conocer de la calificación de las elecciones de carácter gremial y de las que tengan lugar en aquellos grupos intermedios que la ley señale.[61]

Estos tribunales estarán constituidos por un ministro de la Corte de Apelaciones respectiva, elegido por ésta, y por dos miembros designados por el Tribunal Calificador de Elecciones de entre personas que hayan ejercido la profesión de abogado o desempeñado la función de ministro o abogado integrante de Corte de Apelaciones por un plazo no inferior a tres años.

Los miembros de estos tribunales durarán cuatro años en sus funciones y tendrán las inhabilidades e incompatibilidades que determine la ley.

Estos tribunales procederán como jurado en la apreciación de los hechos y sentenciarán con arreglo a derecho.

La ley determinará las demás atribuciones de estos tribunales y regulará su organización y funcionamiento.

Artículo 86. Anualmente, se destinarán en la Ley de Presupuestos de la Nación los fondos necesarios para la organización y funcionamiento de estos tribunales, cuyas plantas, remuneraciones y estatuto del personal serán establecidos por ley.

---

61   Este inciso fue sustituido por el artículo 6 de la Ley N.º 19.097, DO 12.11.91.

Capítulo IX. Contraloría General de la República

Artículo 87. Un organismo autónomo con el nombre de Contraloría General de la República ejercerá el control de la legalidad de los actos de la Administración, fiscalizará el ingreso y la inversión de los fondos del Fisco, de las municipalidades y de los demás organismos y servicios que determinen las leyes; examinará y juzgará las cuentas de las personas que tengan a su cargo bienes de esas entidades; llevará la contabilidad general de la Nación, y desempeñará las demás funciones que le encomiende la ley orgánica constitucional respectiva.

El Contralor General de la República será designado por el Presidente de la República con acuerdo del Senado adoptado por la mayoría de sus miembros en ejercicio, será inamovible en su cargo y cesará en él al cumplir setenta y cinco años de edad.

Artículo 88. En el ejercicio de la función de control de legalidad, el Contralor General tomará razón de los decretos y resoluciones que, en conformidad a la ley, deben tramitarse por la Contraloría o representará la ilegalidad de que puedan adolecer, pero deberá darles curso cuando, a pesar de su representación, el Presidente de la República insista con la firma de todos sus Ministros, caso en el cual deberá enviar copia de los respectivos decretos a la Cámara de Diputados. En ningún caso dará curso a los decretos de gastos que excedan el límite señalado en la Constitución y remitirá copia íntegra de los antecedentes a la misma Cámara.

Corresponderá, asimismo, al Contralor General de la República tomar razón de los decretos con fuerza de ley, debiendo representarlos cuando ellos excedan o contravengan la ley delegatoria o sean contrarios a la Constitución.

Si la representación tuviere lugar con respecto a un decreto con fuerza de ley, a un decreto promulgatorio de una ley o de una reforma constitucional por apartarse del texto aprobado, o a un decreto o resolución por ser contrario a la Constitución, el Presidente de la República no tendrá la facultad de insistir, y en caso de no conformarse con la representación de la Contraloría deberá remitir los antecedentes al Tribunal Constitucional dentro del plazo de diez días, a fin de que éste resuelva la controversia.

En lo demás, la organización, el funcionamiento y las atribuciones de la Contraloría General de la República serán materia de una ley orgánica constitucional.

Artículo 89. Las Tesorerías del Estado no podrán efectuar ningún pago sino en virtud de un decreto o resolución expedido por autoridad competente, en que se exprese la ley o la parte del presupuesto que autorice aquel gasto. Los pagos se efectuarán considerando, además, el orden cronológico establecido en ella y previa refrendación presupuestaria del documento que ordene el pago.

Capítulo X. Fuerzas armadas, de orden y seguridad pública

Artículo 90. Las Fuerzas dependientes del Ministerio encargado de la Defensa Nacional están constituidas única y exclusivamente por las Fuerzas Armadas y por las Fuerzas de Orden y Seguridad Pública.

Las Fuerzas Armadas están integradas solo por el Ejército, la Armada y la Fuerza Aérea, existen para la defensa de la patria, son esenciales para la seguridad nacional y garantizan el orden institucional de la República.

Las Fuerzas de Orden y Seguridad Pública están integradas solo por Carabineros e Investigaciones, constituyen la fuerza pública y existen para dar eficacia al derecho, garantizar el orden público y la seguridad pública interior, en la forma que lo determinen sus respectivas leyes orgánicas. Carabineros se integrará, además, con las Fuerzas Armadas en la misión de garantizar el orden institucional de la República.

Las Fuerzas Armadas y Carabineros, como cuerpos armados, son esencialmente obedientes y no deliberantes. Las fuerzas dependientes del Ministerio encargado de la Defensa Nacional son además profesionales, jerarquizadas y disciplinadas.

Artículo 91. La incorporación a las plantas y dotaciones de las Fuerzas Armadas y de Carabineros solo podrá hacerse a través de sus propias Escuelas, con excepción de los escalafones profesionales y de empleados civiles que determine la ley.

Artículo 92. Ninguna persona, grupo u organización podrá poseer o tener armas u otros elementos similares que señale una ley aprobada con quórum calificado, sin autorización otorgada en conformidad a ésta.

El Ministerio encargado de la Defensa Nacional o un organismo de su dependencia ejercerá la supervigilancia y control de las armas en la forma que determine la ley.

Artículo 93. Los Comandantes en Jefe del Ejército, de la Armada y de la Fuerza Aérea, y el General Director de Carabineros, serán designados por el Presidente de la República de entre los cinco oficiales generales de mayor antigüedad, que reúnan las calidades que los respectivos estatutos institucionales exijan para tales cargos; durarán cuatro años en sus funciones, no podrán ser nombrados para un nuevo período y gozarán de inamovilidad en su cargo.

En casos calificados, el Presidente de la República con acuerdo del Consejo de Seguridad Nacional, podrá llamar a retiro a los Comandantes en Jefe del Ejército, de la Armada, de la Fuerza Aérea o al General Director de Carabineros, en su caso.

Artículo 94. Los nombramientos, ascensos y retiros de los oficiales de las Fuerzas Armadas y Carabineros, se efectuarán por decreto supremo, en conformidad a la ley orgánica constitucional correspondiente, la que determinará las normas básicas respectivas, así como, las normas básicas referidas a la carrera profesional, incorporación a sus plantas, previsión, antigüedad, mando, sucesión de mando y presupuesto de las Fuerzas Armadas y Carabineros.[62]

El ingreso, los nombramientos, ascensos y retiros en Investigaciones se efectuarán en conformidad a su ley orgánica.

Capítulo XI. Consejo de Seguridad Nacional

Artículo 95. Habrá un Consejo de Seguridad Nacional, presidido por el Presidente de la República e integrado por los presidentes del Senado y de la Corte Suprema, por los Comandantes en Jefe de las Fuerzas Armadas, por el General Director de Carabineros y por el Contralor General de la República.[63]

Participarán también como miembros del Consejo, con derecho a voz, los ministros encargados del gobierno interior, de las relaciones exteriores, de la defensa nacional y de la economía y finanzas del país. Actuará como Secretario el Jefe del Estado Mayor de la Defensa Nacional.

El Consejo de Seguridad Nacional podrá ser convocado por el Presidente de la República o a solicitud de dos de sus miembros y requerirá como quórum para sesionar el de la mayoría absoluta de sus integrantes. Para los efectos de la convocatoria al Consejo y del quórum para sesionar solo se considerará a sus integrantes con derecho a voto. Los acuerdos se adoptarán por la mayoría absoluta de los miembros en ejercicio con derecho a voto.[64]

Artículo 96. Serán funciones del Consejo de Seguridad Nacional:

---

62 Este inciso fue sustituido por el artículo único número 43 de la Ley N.º 18.825, DO 17.08.89.
63 Este inciso fue sustituido por el artículo único número 44 de la Ley N.º 18.825, DO 17.08.89.
64 Este inciso fue sustituido por el artículo único número 45 de la Ley N.º 18.825, DO 17.08.89.

a. Asesorar al Presidente de la República en cualquier materia vinculada a la seguridad nacional en que éste lo solicite;

b. Hacer presente, al Presidente de la República, al Congreso Nacional o al Tribunal Constitucional, su opinión frente a algún hecho, acto o materia, que a su juicio atente gravemente en contra de las bases de la institucionalidad o pueda comprometer la seguridad nacional;[65]

c. Informar, previamente, respecto de las materias a que se refiere el número 13 del **Artículo** 60;

d. Recabar de las autoridades y funcionarios de la administración todos los antecedentes relacionados con la seguridad exterior e interior del Estado. En tal caso, el requerido estará obligado a proporcionarlos y su negativa será sancionada en la forma que establezca la ley, y

e. Ejercer las demás atribuciones que esta Constitución le encomienda.

Los acuerdos u opiniones a que se refiere la letra b) serán públicos o reservados, según lo determine para cada caso particular el Consejo.

Un reglamento dictado por el propio Consejo establecerá las demás disposiciones concernientes a su organización y funcionamiento.

Capítulo XII. Banco Central

Artículo 97. Existirá un organismo autónomo, con patrimonio propio, de carácter técnico, denominado Banco Central, cuya composición, organización, funciones y atribuciones determinará una ley orgánica constitucional.

Artículo 98. El Banco Central solo podrá efectuar operaciones con instituciones financieras, sean públicas o privadas. De manera alguna podrá otorgar a ellas su garantía, ni adquirir documentos emitidos por el Estado, sus organismos o empresas.

Ningún gasto público o préstamo podrá financiarse con créditos directos o indirectos del Banco Central.

---

65   Esta letra fue sustituida por el artículo único número 46 de la Ley N.º 18.825, DO 17.08.89.

Con todo, en caso de guerra exterior o de peligro de ella, que calificará el Consejo de Seguridad Nacional, el Banco Central podrá obtener, otorgar o financiar créditos al Estado y entidades públicas o privadas.

El Banco Central no podrá adoptar ningún acuerdo que signifique de una manera directa o indirecta establecer normas o requisitos diferentes o discriminatorios en relación a personas, instituciones o entidades que realicen operaciones de la misma naturaleza.

Capítulo XIII. Gobierno y administración interior del Estado

Artículo 99. Para el gobierno y administración interior del Estado, el territorio de la República se divide en regiones y éstas en provincias. Para los efectos de la administración local, las provincias se dividirán en comunas.

La modificación de los límites de las regiones y la creación, modificación y supresión de las provincias y comunas, serán materia de ley de quórum calificado, como asimismo, la fijación de los capitales de las regiones y provincias; todo ello a proposición del Presidente de la República.[66] Gobierno y Administración Regional

Artículo 100. El gobierno de cada región reside en un intendente que será de la exclusiva confianza del Presidente de la República. El intendente ejercerá sus funciones con arreglo a las leyes y a las órdenes e instrucciones del Presidente, de quien es su representante natural e inmediato en el territorio de su jurisdicción.

La administración superior de cada región radicará en un gobierno regional que tendrá por objeto el desarrollo social, cultural y económico de la región.

---

66   Este inciso fue modificado por el artículo único número 47 de la Ley N.º 18.825, DO 17.08.89.

El gobierno regional estará constituido por el intendente y el consejo regional. Para el ejercicio de sus funciones, el gobierno regional gozará de personalidad jurídica de derecho público y tendrá patrimonio propio.[67]

Artículo 101. El intendente presidirá el consejo regional y le corresponderá la coordinación, supervigilancia o fiscalización de los servicios públicos creados por la ley para el cumplimiento de las funciones administrativas que operen en la región.

La ley determinará la forma en que el intendente ejercerá estas facultades, las demás atribuciones que le correspondan y los organismos que colaborarán en el cumplimiento de sus funciones.[68]

Artículo 102. El consejo regional será un órgano de carácter normativo, resolutivo y fiscalizador, dentro del ámbito propio de competencia del gobierno regional, encargado de hacer efectiva la participación de la ciudadanía regional y ejercer las atribuciones que la ley orgánica constitucional respectiva le encomiende, la que regulará además su integración y organización.

Corresponderá desde luego al consejo regional aprobar los planes de desarrollo de la región y el proyecto de presupuesto del gobierno regional, ajustados a la política nacional de desarrollo y al presupuesto de la Nación. Asimismo, resolverá la inversión de los recursos consultados para la región en el fondo nacional de desarrollo regional, sobre la base de la propuesta que formule el intendente.

Artículo 103. La ley deberá determinar las formas en que se descentralizará la administración del Estado, así como la transferencia de competencias a los gobiernos regionales.[69]

---

67   Este inciso fue modificado por artículo único 7 de la Ley N.º 19.097, DO 12.11.91.
68   Este inciso fue sustituido por el artículo 7 de la Ley N.º 19.097, DO 12.11.91.
69   Este inciso fue sustituido por el artículo 7 de la Ley N.º 19.097, DO 12.11.91.

Sin perjuicio de lo anterior, también establecerá, con las excepciones que procedan, la desconcentración regional de los ministerios y de los servicios públicos. Asimismo, regulará los procedimientos que aseguren la debida coordinación entre los órganos de la administración del Estado para facilitar el ejercicio de las facultades de las autoridades regionales.[70]

Artículo 104. Para el gobierno y administración interior del Estado a que se refiere el presente capítulo se observará como principio básico la búsqueda de un desarrollo territorial armónico y equitativo. Las leyes que se dicten al efecto deberán velar por el cumplimiento y aplicación de dicho principio, incorporando asimismo criterios de solidaridad entre las regiones, como al interior de ellas, en lo referente a la distribución de los recursos públicos.

Sin perjuicio de los recursos que para su funcionamiento se asignen a los gobiernos regionales en la Ley de Presupuestos de la Nación y de aquellos que provengan de lo dispuesto en el N.º 20 del **Artículo** 19, dicha ley contemplará una proporción del total de los gastos de inversión pública que determine, con la denominación de fondo nacional de desarrollo regional.

La Ley de Presupuestos de la Nación contemplará, asimismo, gastos correspondientes a inversiones sectoriales de asignación regional cuya distribución entre regiones responderá a criterios de equidad y eficiencia, tomando en consideración los programas nacionales de inversión correspondientes. La asignación de tales gastos al interior de cada región corresponderá al gobierno regional.

A iniciativa de los gobiernos regionales o de uno o más ministerios, podrán celebrarse convenios anuales o plurianuales de programación de inversión pública en la respectiva región o en el conjunto de regiones que convengan en asociarse con tal propósito.

La ley podrá autorizar a los gobiernos regionales y a las empresas públicas para asociarse con personas naturales o jurídicas a fin de propiciar actividia-

---

70   Este inciso fue sustituido por el artículo 7 de la Ley N.º 19.097, DO 12.11.91.

des e iniciativas sin fines de lucro que contribuyan al desarrollo regional. Las entidades que al efecto se constituyan se regularán por las normas comunes aplicables a los particulares.

Lo dispuesto en el inciso anterior se entenderá sin perjuicio de lo establecido en el número 21.º del **Artículo** 19.[71] Gobierno y Administración Provincial

Artículo 105. En cada provincia existirá una gobernación que será un órgano territorialmente desconcentrado del intendente. Estará a cargo de un gobernador, quien será nombrado y removido libremente por el Presidente de la República.[72]

Corresponde al gobernador ejercer, de acuerdo a las instrucciones del intendente, la supervigilancia de los servicios públicos existentes en la provincia. La ley determinará las atribuciones que podrá delegarle el intendente y las demás que le corresponden.

En cada provincia existirá un consejo económico y social provincial de carácter consultivo. La ley orgánica constitucional respectiva determinará su composición, forma de designación de sus integrantes, atribuciones y funcionamiento.[73]

Artículo 106. Los gobernadores, en los casos y forma que determine la ley, podrán designar delegados para el ejercicio de sus facultades en una o más localidades.

Administración Comunal

Artículo 107. La administración local de cada comuna o agrupación de comunas que determine la ley reside en una municipalidad, la que estará constituida por el alcalde, que es su máxima autoridad, y por el concejo. La

---

71 Este inciso fue sustituido por el artículo 7 de la Ley N.º 19.097, DO 12.11.91.
72 Este inciso fue sustituido por el artículo 8 de la Ley N.º 19.097, DO 12.11.91.
73 Este inciso fue sustituido por el artículo 9 de la Ley N.º 19.097, DO 12.11.91.

ley orgánica establecerá un consejo económico y social comunal de carácter consultivo.

Las municipalidades son corporaciones autónomas de derecho público, con personalidad jurídica y patrimonio propio, cuya finalidad es satisfacer las necesidades de la comunidad local y asegurar su participación en el progreso económico, social y cultural de la comuna.

Una ley orgánica constitucional determinará las funciones y atribuciones de las municipalidades. Dicha ley señalará, además, las materias de administración municipal que el alcalde, con acuerdo del concejo o a requerimiento de la proporción de ciudadanos que establezca la ley, someterá a plebiscito, así como las oportunidades, forma de la convocatoria y efectos.

Las municipalidades podrán asociarse entre ellas para el cumplimiento de sus fines propios. Asimismo, podrán constituir corporaciones o fundaciones de derecho privado sin fines de lucro destinadas a la promoción y difusión del arte y la cultura. La participación municipal en ellas se regirá por la ley orgánica constitucional respectiva.

Las municipalidades podrán establecer en el ámbito de las comunas o agrupación de comunas, de conformidad con la ley orgánica constitucional respectiva, territorios denominados unidades vecinales, con el objeto de propender a un desarrollo equilibrado y a una adecuada canalización de la participación ciudadana.

Los municipios y los demás servicios públicos existentes en la respectiva comuna deberán coordinar su acción en conformidad a la ley.[74]

Artículo 108. En cada municipalidad habrá un concejo integrado por concejales elegidos por sufragio universal en conformidad a la ley orgánica constitucional de municipalidades. Durarán cuatro años en sus cargos y po-

---

74   Este artículo fue sustituido por el artículo 10 de la Ley N.º 19.097, DO 12.11.91.

drán ser reelegidos. La misma ley determinará el número de concejales y la forma de elegir al alcalde.

El concejo será un órgano encargado de hacer efectiva la participación de la comunidad local, ejercerá funciones normativas, resolutivas y fiscalizadoras y otras atribuciones que se le encomienden, en la forma que determine la ley orgánica constitucional respectiva.

La ley orgánica de municipalidades determinará las normas sobre organización y funcionamiento del concejo y las materias en que la consulta del alcalde al concejo será obligatoria y aquellas en que necesariamente se requerirá el acuerdo de éste. En todo caso, será necesario dicho acuerdo para la aprobación del plan comunal de desarrollo, del presupuesto municipal y de los proyectos de inversión respectivos.[75]

Artículo 109. Los alcaldes, en los casos y formas que determine la ley orgánica constitucional respectiva, podrán designar delegados para el ejercicio de sus facultades en una o más localidades.[76]

Artículo 110. Derogado.[77]

Artículo 111. Las municipalidades gozarán de autonomía para la administración de sus finanzas. La Ley de Presupuestos de la Nación podrá asignarles recursos para atender sus gastos, sin perjuicio de los ingresos que directamente se les confieran por la ley o se les otorguen por los gobiernos regionales respectivos. Una ley orgánica constitucional contemplará un mecanismo de redistribución solidaria de los ingresos propios entre las municipalidades del país con la denominación de fondo común municipal. Las normas de distribución de este fondo serán materia de ley.[78]

---

75   Este artículo fue sustituido por el artículo 10 de la Ley N.º 19.097, DO 12.11.91.
76   Este artículo fue sustituido por el artículo 10 de la Ley N.º 19.097, DO 12.11.91.
77   Este artículo fue sustituido por el artículo 11 de la Ley N.º 19.097, DO 12.11.91.
78   Este artículo fue sustituido por el artículo 10 de la Ley N.º 19.097, DO 12.11.91.

Disposiciones generales

Artículo 112. La ley establecerá fórmulas de coordinación para la administración de todos o algunos de los municipios, con respecto a los problemas que les sean comunes, así como entre los municipios y los demás servicios públicos.[79]

Artículo 113. Para ser designado intendente o gobernador y para ser elegido miembro del consejo regional o concejal, se requerirá ser ciudadano con derecho a sufragio, tener los demás requisitos de idoneidad que la ley señale y residir en la región a lo menos en los últimos dos años anteriores a su designación o elección.

Los cargos de intendente, gobernador, miembro del consejo regional y concejal serán incompatibles entre sí.

Ningún tribunal procederá criminalmente contra un intendente o gobernador sin que la Corte de Apelaciones respectiva haya declarado que ha lugar la formación de causa.[80]

Artículo 114. Las leyes orgánicas constitucionales respectivas establecerán las causales de cesación en los cargos de alcaldes, de miembro del consejo regional y de concejal.[81]

Artículo 115. La ley determinará la forma de resolver las cuestiones de competencia que pudieren suscitarse entre las autoridades nacionales, regionales, provinciales y comunales.

---

79   Este artículo fue sustituido por el artículo 12 de la Ley N.º 19.097, DO 12.11.91.
80   Este artículo fue sustituido por el artículo 12 de la Ley N.º 19.097, DO 12.11.91.
81   Este artículo fue sustituido por el artículo 12 de la Ley N.º 19.097, DO 12.11.91.

Asimismo, establecerá el modo de dirimir las discrepancias que se produzcan entre el intendente y el consejo regional, así como entre el alcalde y el concejo.[82]

Capítulo XIV. Reforma de la Constitución

Artículo 116. Los proyectos de reforma de la Constitución podrán ser iniciados por mensaje del Presidente de la República o por moción de cualquiera de los miembros del Congreso Nacional, con las limitaciones señaladas en el inciso primero del **Artículo** 62.

El proyecto de reforma necesitará para ser aprobado en cada Cámara el voto conforme de las tres quintas partes de los diputados y senadores en ejercicio. Si la reforma recayere sobre los capítulos I, III, VII, X, XI o XIV, necesitará, en cada cámara, la aprobación de las dos terceras partes de los diputados y senadores en ejercicio.[83]

Será aplicable a los proyectos de reforma constitucional el sistema de urgencias.

Artículo 117. Las dos Cámaras, reunidas en Congreso Pleno y en sesión pública, con asistencia de la mayoría del total de sus miembros, sesenta días después de aprobado un proyecto en la forma señalada en el **Artículo** anterior, tomarán conocimiento de él y procederán a votarlo sin debate.

Si en el día señalado no se reuniere la mayoría del total de los miembros del Congreso, la sesión se verificará al siguiente con los diputados y senadores que asistan.

El proyecto que apruebe la mayoría del Congreso Pleno pasará al Presidente de la República.

---

82   Este artículo fue sustituido por el artículo 12 de la Ley N.º 19.097, DO 12.11.91.
83   Este inciso fue modificado por el artículo único número 49 de la Ley N.º 18.825, DO 17.08.89.

Si el Presidente de la República rechazare totalmente un proyecto de reforma aprobado por el Congreso y éste insistiere en su totalidad por las dos terceras partes de los miembros en ejercicio de cada Cámara, el Presidente deberá promulgar dicho proyecto, a menos que consulte a la ciudadanía mediante plebiscito.[84]

Si el Presidente observare parcialmente un proyecto de reforma aprobado por el Congreso, las observaciones se entenderán aprobadas con el voto conforme de las tres quintas o dos terceras partes de los miembros en ejercicio de cada Cámara, según corresponda de acuerdo con el **Artículo** anterior y se devolverá al Presidente para su promulgación.[85]

En caso de que las Cámaras no aprueben todas o algunas de las observaciones del Presidente, no habrá reforma constitucional sobre los puntos en discrepancia, a menos que ambas Cámaras insistieren por los dos tercios de sus miembros en ejercicio en la parte del proyecto aprobado por ellas. En este último caso, se devolverá al Presidente la parte del proyecto que haya sido objeto de insistencia para su promulgación, salvo que éste consulte a la ciudadanía para que se pronuncie mediante un plebiscito, respecto de las cuestiones en desacuerdo.

La ley orgánica constitucional relativa al Congreso regulará en lo demás lo concerniente a los vetos de los proyectos de reforma y a su tramitación en el Congreso.

Artículo 118. Derogado.[86]

---

84   Este inciso fue modificado por el artículo único número 50 de la Ley N.º 18.825, DO 17.08.89.
85   Este inciso fue modificado por el artículo único número 51 de la Ley N.º 18.825, DO 17.08.89.
86   Este artículo fue derogado por el artículo único número 52 de la Ley N.º 18.825, DO 17.08.89.

Artículo 119. La convocatoria a plebiscito deberá efectuarse dentro de los treinta días siguientes a aquel en que ambas Cámaras insistan en el proyecto aprobado por ellas, y se ordenará mediante decreto supremo que fijará la fecha de la votación plebiscitaria, la que no podrá tener lugar antes de treinta días ni después de sesenta, contado desde la publicación de dicho decreto. Transcurrido este plazo sin que el Presidente convoque a plebiscito, se promulgará el proyecto que hubiere aprobado el Congreso.

El decreto de convocatoria contendrá, según corresponda, el proyecto aprobado por el Congreso Pleno y vetado totalmente por el Presidente de la República, o las cuestiones del proyecto en las cuales el Congreso haya insistido. En este último caso, cada una de las cuestiones en desacuerdo deberá ser votada separadamente en el plebiscito.

El Tribunal Calificador comunicará al Presidente de la República el resultado del plebiscito, y especificará el texto del proyecto aprobado por la ciudadanía, el que deberá ser promulgado como reforma constitucional dentro de los cinco días siguientes a dicha comunicación.

Una vez promulgado el proyecto y desde la fecha de su vigencia, sus disposiciones formarán parte de la Constitución y se tendrán por incorporadas a ésta.

Artículo Final. La presente Constitución entrará en vigencia seis meses después de ser aprobada mediante plebiscito, con excepción de las disposiciones transitorias novena y vigésimatercera que tendrán vigor desde la fecha de esa aprobación. Su texto oficial será el que consta en este decreto ley.

Un decreto ley determinará la oportunidad en la cual se efectuará el señalado plebiscito, así como las normas a que él se sujetará, debiendo establecer las reglas que aseguren el sufragio personal, igualitario y secreto y, para los nacionales, obligatorio.

La norma contenida en el inciso anterior entrará en vigencia desde la fecha de publicación del presente texto constitucional.

Disposiciones transitorias

Primera. Mientras se dictan las disposiciones que dan cumplimiento a lo prescrito en el inciso tercero del número 1.º del **Artículo** 19 de esta Constitución, continuarán rigiendo los preceptos legales actualmente en vigor.

Segunda. Mientras se dicta el nuevo Código de Minería, que deberá regular, entre otras materias, la forma, condiciones y efectos de las concesiones mineras a que se refieren los incisos séptimo al décimo del número 24.º del **Artículo** 19 de esta Constitución Política, los titulares de derechos mineros seguirán regidos por la legislación que estuviere en vigor al momento en que entre en vigencia esta Constitución, en calidad de concesionarios.

Los derechos mineros a que se refiere el inciso anterior subsistirán bajo el imperio del nuevo Código, pero en cuanto a sus goces y cargas y en lo tocante a su extinción, prevalecerán las disposiciones de dicho nuevo Código de Minería. Este nuevo Código deberá otorgar plazo a los concesionarios para cumplir los nuevos requisitos que se establezcan para merecer amparo legal.

En el lapso que medie entre el momento en que se ponga en vigencia esta Constitución y aquél en que entre en vigor el nuevo Código de Minería, la Constitución de derechos mineros con el carácter de concesión señalado en los incisos séptimo al décimo del número 24.º del **Artículo** 19 de esta Constitución, continuará regida por la legislación actual, al igual que las concesiones mismas que se otorguen.

Tercera. La gran minería del cobre y las empresas consideradas como tal, nacionalizadas en virtud de lo prescrito en la disposición 17.º transitoria de la Constitución Política de 1925, continuará rigiéndose por las normas constitucionales vigentes a la fecha de promulgación de esta Constitución.

Cuarta. La primera vez que se constituya el Tribunal Constitucional, los Ministros de la Corte Suprema a que se refiere la letra a) del **Artículo** 81, que hayan sido elegidos en la segunda y tercera votación y el abogado designado por el Presidente de la República a que se refiere la letra b) de dicho **Artículo**, durarán cuatro años en sus cargos y los restantes, ocho años.

Quinta. Se entenderá que las leyes actualmente en vigor sobre materias que conforme a esta Constitución deben ser objeto de leyes orgánicas constitucionales o aprobadas con quórum calificado, cumplen estos requisitos y seguirán aplicándose en lo que no sean contrarias a la Constitución, mientras no se dicten los correspondientes cuerpos legales.

Sexta. No obstante lo dispuesto en el número 8.º del **Artículo** 32, mantendrán su vigencia los preceptos legales que a la fecha de promulgación de esta Constitución hubieren reglado materias no comprendidas en el **Artículo** 60, mientras ellas no sean expresamente derogadas por ley.

Séptima. Sin perjuicio de lo dispuesto en el inciso tercero del número 20.º del **Artículo** 19, mantendrán su vigencia las disposiciones legales que hayan establecido tributos de afectación a un destino determinado, mientras no sean expresamente derogadas.

Octava. Las normas relativas a la edad establecidas en el inciso segundo del **Artículo** 77 no regirán respecto de los magistrados de los tribunales superiores de justicia en servicio a la fecha de vigencia de esta Constitución.

Durante el período a que se refiere la disposición decimotercera transitoria la inamovilidad de los Comandantes en Jefe de las Fuerzas Armadas y del General Director de Carabineros se regirá por la disposición transitoria vigésima y no les será aplicable la limitación del plazo contemplado en el **Artículo** 93 de esta Constitución, el que se contará a partir de cuatro años del término del señalado período presidencial.

Novena. Los miembros del Tribunal Constitucional a que se refiere el **Artículo** 81, deberán ser designados con diez días de anticipación, a lo menos, a la fecha en que comience el primer período presidencial. Para este solo efecto, el Consejo de Seguridad Nacional se constituirá con treinta días de anterioridad a la fecha en que comience a regir esta Constitución.

Décima. En tanto no entre en vigencia la ley orgánica constitucional relativa a los partidos políticos a que se refiere el N.º 15 del **Artículo** 19, estará prohibido ejecutar o promover toda actividad, acción o gestión de índole político-partidista, ya sea por personas naturales o jurídicas, organizaciones, entidades o agrupaciones de personas. Quienes infrinjan esta prohibición incurrirán en las sanciones previstas en la ley.

Decimoprimera. El **Artículo** 84 de la Constitución relativo al Tribunal Calificador de Elecciones, comenzará a regir en la fecha que corresponda de acuerdo con la ley respectiva, con ocasión de la primera elección de senadores y diputados, y sus miembros deberán estar designados con treinta días de anticipación a esa fecha.

Decimosegunda. Mientras no proceda constituir el Tribunal Calificador de Elecciones, la designación de los miembros de los tribunales electorales regionales, cuyo nombramiento le corresponde, será hecho por la Corte de Apelaciones respectiva.

Decimotercera. El período presidencial que comenzará a regir a contar de la vigencia de esta Constitución, durará el tiempo que establece el **Artículo** 25.

Durante este período serán aplicables todos los preceptos de la Constitución, con las modificaciones y salvedades que se indican en las disposiciones transitorias siguientes.

Decimocuarta. Durante el período indicado en la disposición anterior, continuará como Presidente de la República el actual Presidente, General de

Ejército don Augusto Pinochet Ugarte, quien durará en el cargo hasta el término de dicho período.

Asimismo, la Junta de Gobierno permanecerá integrada por los Comandantes en Jefe del Ejército, de la Armada y de la Fuerza Aérea y por el General Director de Carabineros. Se regirá por las normas que regulen su funcionamiento interno y tendrá las atribuciones que se señalan en las disposiciones transitorias correspondientes.

Sin embargo, atendido que el Comandante en Jefe del Ejército, de acuerdo con el inciso primero de esta disposición es Presidente de la República, no integrará la Junta de Gobierno y lo hará, en su lugar, como miembro titular, el oficial General de Armas del Ejército que le siga en antigüedad. Con todo, el Presidente de la República podrá reemplazar a dicho integrante en cualquier momento, por otro Oficial General de Armas de su Institución siguiendo el orden de antigüedad.

Decimoquinta. El Presidente de la República tendrá las atribuciones y obligaciones que establecen los preceptos de esta Constitución, con las siguientes modificaciones y salvedades:

A. Podrá:
B.
1. Decretar por sí mismo los estados de emergencia y de catástrofe, en su caso, y
2. Designar y remover libremente a los alcaldes de todo el país, sin perjuicio de que pueda disponer la plena o gradual aplicación de lo previsto en el **Artículo** 108.

C. Requerirá el acuerdo de la Junta para:
D.
1. Designar a los Comandantes en Jefe de las Fuerzas Armadas y al General Director de Carabineros cuando sea necesario reemplazarlos, por muerte, renuncia o cualquier clase de imposibilidad absoluta;

2. Designar al Contralor General de la República;

3. Declarar la guerra;

4. Decretar los estados de asamblea y de sitio;

5. Decidir si ha o no lugar a la admisión de las acusaciones que cualquier individuo particular presentare contra los Ministros de Estado con motivo de los perjuicios que pueda haber sufrido injustamente por algún acto cometido por éstos en el ejercicio de sus funciones, y

6. Ausentarse del país por más de treinta días o en los últimos noventa días de su período.

Decimosexta. En caso de que por impedimento temporal, ya sea por enfermedad, ausencia del territorio nacional u otro grave motivo, el Presidente de la República no pudiere ejercer su cargo, le subrogará con el título de Vicepresidente de la República, el miembro titular de la Junta de Gobierno según el orden de precedencia que corresponda.

Decimoséptima. En caso de muerte, renuncia o cualquier clase de imposibilidad absoluta del Presidente de la República, el sucesor, por el período que le falte, será designado por la unanimidad de la Junta de Gobierno, la que deberá reunirse de inmediato. Mientras no se produzca la designación, asumirá como Vicepresidente de la República el miembro titular de la Junta de Gobierno, según el orden de precedencia que corresponda.

Si transcurridas cuarenta y ocho horas de reunida la Junta de Gobierno no hubiere unanimidad para elegir Presidente de la República, la elección la efectuará el Consejo de Seguridad Nacional por la mayoría absoluta de sus miembros, integrándose a él, para este efecto, el Contralor General de la República.

Si fuere designado Presidente de la República un Oficial General de Armas o de Orden y Seguridad, éste de pleno derecho y por el período presidencial que reste, asumirá la calidad de Comandante en Jefe Institucional o de General Director de Carabineros, en su caso, si tuviere los requisitos para serlo. En este caso, el Oficial General de Armas o de Orden y Seguridad que le siga en antigüedad, en la respectiva Institución, pasará a integrar la Junta de Gobierno como miembro titular, aplicándose la parte final del inciso tercero de la disposición decimocuarta transitoria en cuanto a su Institución.

Decimoctava. Durante el período a que se refiere la disposición decimotercera transitoria, la Junta de Gobierno ejercerá, por la unanimidad de sus miembros, las siguientes atribuciones exclusivas;

A. Ejercer el Poder Constituyente sujeto siempre a aprobación plebiscitaria, la que se llevará a efecto conforme a las reglas que señale la ley;

B. Ejercer el Poder Legislativo;

C. Dictar las leyes interpretativas de la Constitución que fueren necesarias;

D. Aprobar o desechar los tratados internacionales, antes de la ratificación presidencial;

E. Prestar su acuerdo al Presidente de la República en los casos contemplados en la letra B de la disposición decimoquinta transitoria;

F. Prestar su acuerdo al Presidente de la República, para decretar los estados de asamblea y de sitio, en su caso;

G. Permitir la entrada de tropas extranjeras en el territorio de la República como asimismo, autorizar la salida de tropas nacionales fuera de él;

H. Conocer de las contiendas de competencia que se susciten entre las autoridades políticas o administrativas y los tribunales superiores de justicia;

I. Otorgar la rehabilitación de la ciudadanía, en los casos a que alude el **Artículo** 17 número 2.º de esta Constitución;

J. Declarar en el caso de que el Presidente de la República o los Comandante en Jefe de las Fuerzas Armadas y el General Director de Carabineros hicieren dimisión de su cargo, si los motivos que la originan son o no fundados y, en consecuencia, admitirla o desecharla, y

K. Las demás que le otorgan otras disposiciones transitorias de esta Constitución.

El orden de precedencia de los integrantes de la Junta de Gobierno, es el que se indica a continuación:

1. El Comandante en Jefe del Ejército;
2. El Comandante en Jefe de la Armada;
3. El Comandante en Jefe de la Fuerza Aérea, y
4. El General Director de Carabineros.

Se alterará el orden de precedencia antes establecido, en las situaciones señaladas en el inciso tercero de la disposición decimocuarta transitoria y en el inciso final de la disposición decimoséptima transitoria, y, en tales casos, el integrante de la Junta de Gobierno a que aluden dichas disposiciones ocupará, como titular, el cuarto orden de precedencia.

Presidirá la Junta de Gobierno el miembro titular de ella que tenga el primer lugar de precedencia de acuerdo a los dos incisos anteriores.

En el caso previsto en la letra B., número 1), de la disposición decimoquinta transitoria, el o los nuevos miembros que se incorporen a la Junta de Gobierno, conservarán el orden de precedencia señalado en el inciso segundo.

Cuando uno de los miembros titulares de la Junta de Gobierno esté impedido temporalmente para ejercer su cargo, lo subrogará el Oficial General de Armas o de Orden y Seguridad más antiguo, a quien le corresponda de acuerdo a las normas sobre sucesión de mando en la respectiva Institución, integrándose a la Junta en el último lugar de precedencia. Si los subrogantes fueren más de uno, se integrarán a la Junta en el orden de precedencia señalado en el inciso segundo.

Decimonovena. Los miembros de la Junta de Gobierno tendrán iniciativa de ley, en todas aquellas materias que constitucionalmente no sean de iniciativa exclusiva del Presidente de la República.

La Junta de Gobierno ejercerá mediante leyes las Potestades Constituyente y Legislativa. Estas leyes llevarán las firmas de los miembros de la Junta de Gobierno y del Presidente de la República en señal de promulgación.

Una ley complementaria establecerá los órganos de trabajo y los procedimientos de que se valdrá la Junta de Gobierno, para ejercer las aludidas Potestades Constituyente y Legislativa. Estas normas complementarias establecerán, además, los mecanismos que permitan a la Junta de Gobierno requerir la colaboración de la comunidad para la elaboración de las leyes.

Vigésima. En caso de duda acerca de si la imposibilidad que priva al Presidente de la República del ejercicio de sus funciones es de tal naturaleza que deba hacerse su reemplazo, corresponderá a los miembros titulares de la Junta de Gobierno resolver la duda planteada.

Si la duda se refiere a la imposibilidad que priva a un miembro de la Junta de Gobierno del ejercicio de sus funciones y es de igual naturaleza que la referida en el inciso anterior, corresponderá a los demás miembros titulares de la Junta de Gobierno resolver la cuestión planteada.

Vigésimaprimera. Durante el período a que se refiere la decimotercera disposición transitoria y hasta que entre en funciones el Senado y la Cámara de Diputados, no serán aplicables los siguientes preceptos de esta Constitución:

a. Los artículos 26 a 31 inclusive, los números 2.º, 4.º, 5.º, 6.º y la segunda parte del número 16.º del **Artículo** 32; el **Artículo** 37; y el **Artículo** 41, número 7.º; en su referencia a los parlamentarios;
b. El Capítulo V sobre el Congreso Nacional con excepción de: el número 1.º del **Artículo** 50, los artículos 60, 61, los incisos tercero a quinto del **Artículo** 62, y el **Artículo** 64, los que tendrá n plena vigencia. Las referencias que estos preceptos y el número 3.º del **Artículo** 32, el inciso segundo del número 6.º del **Artículo** 41, y los artículos 73 y 88 hacen al Congreso Nacional o a alguna de sus rama s, se entenderán hechas a la Junta de Gobierno.
c. Asimismo, la elección a que se refiere la letra d) del **Artículo** 81, corresponderá hacerla a la Junta de Gobierno;
d. En el **Artículo** 82: los números 4.º, 9.º y 11.º de su inciso primero, el inciso segundo en su referencia al número 9.º y los incisos octavo, noveno, décimo,

decimosegundo, decimocuarto y decimoquinto. Tampoco regirá la referencia que el número 2.º hace a la reforma constitucional, ni la segunda parte del número 8.º del inciso primero del mismo **Artículo** en lo atinente al Presidente de la República, como tampoco las referencias que hacen a dicho número, en lo concerniente a la materia, los incisos segundo y decimotercero;

e. El capítulo XIV, relativo a la reforma de la Constitución. La Constitución solo podrá ser modificada por la Junta de Gobierno en el ejercicio del Poder Constituyente. Sin embargo, para que las modificaciones tengan eficacia deberán ser aprobadas por plebiscito, el cual deberá ser convocado por el Presidente de la República, y

f. Cualquier otro precepto que sea contrario a las disposiciones que rigen el período presidencial a que se refiere la disposición decimotercera transitoria.

Vigésimasegunda. Para los efectos de lo prescrito en el inciso tercero del **Artículo** 82 de la Constitución, la Junta de Gobierno deberá remitir al Tribunal Constitucional el proyecto a que dicho precepto se refiere, antes de su promulgación por el Presidente de la República.

Sin perjuicio de la facultad que se confiere al Presidente de la República en los incisos cuarto y séptimo del **Artículo** 82, corresponderá también a la Junta de Gobierno en pleno formular el requerimiento a que aluden esas normas.

En el caso de los incisos decimoprimero y decimosexto del **Artículo** señalado en el inciso anterior, corresponderá, asimismo, a la Junta de Gobierno en pleno formular el requerimiento respectivo.

Vigésimatercera. Si entre la fecha de aprobación mediante plebiscito de la presente Constitución y la de su vigencia, el Presidente de la República a que se refiere la disposición decimocuarta transitoria quedare, por cualquier causa, impedido absolutamente de asumir sus funciones, la Junta de Gobierno, por la unanimidad de sus miembros, designará a la persona que asumirá el cargo de Presidente de la República para el período a que se refiere la disposición decimotercera transitoria.

Para este efecto, la Junta de Gobierno se integrará por los Comandantes en Jefe de la Armada, de la Fuerza Aérea, por el General Director de Carabineros y, como miembro titular, por el Oficial General de Armas más antiguo del Ejército.

Si constituida la Junta de Gobierno en la forma indicada en el inciso precedente, no hubiere, dentro de las cuarenta y ocho horas de reunida, unanimidad para elegir Presidente de la República, se integrarán a ella, para este solo efecto, el Presidente de la Corte Suprema, el Contralor General de la República y el Presidente del Consejo de Estado y, así constituida, designará, por la mayoría absoluta de sus miembros, al Presidente de la República y a éste se entenderá referida la disposición decimocuarta transitoria, en su inciso primero.

Vigésimacuarta. Sin perjuicio de lo establecido en los artículos 39 y siguientes sobre estados de excepción que contempla esta Constitución, si durante el período a que se refiere la disposición decimotercera transitoria se produjeren actos de violencia destinados a alterar el orden público o hubiere peligro de perturbación de la paz interior, el Presidente de la República así lo declarará y tendrá, por seis meses renovables, las siguientes facultades:

a. Arrestar a personas hasta por el plazo de cinco días, en sus propias casas o en lugares que no sean cárceles. Si se produjeren actos terroristas de graves consecuencias, dicho plazo podrá extenderlo hasta por quince días más;
b. Restringir el derecho de reunión y la libertad de información, esta última solo en cuanto a la fundación, edición o circulación de nuevas publicaciones;
c. Prohibir el ingreso al territorio nacional o expulsar de él a los que propaguen las doctrinas a que alude el **Artículo** 8 de la Constitución, a los que estén sindicados o tengan reputación de ser activistas de tales doctrinas y a los que realicen actos contrarios a los intereses de Chile o constituyan un peligro para la paz interior, y

d. Disponer la permanencia obligada de determinadas personas en una localidad urbana del territorio nacional hasta por un plazo no superior a tres meses.

Las facultades contempladas en esta disposición las ejercerá el Presidente de la República, mediante decreto supremo firmado por el Ministro del Interior, bajo la fórmula «Por Orden del Presidente de la República». Las medidas que se adopten en virtud de esta disposición no serán susceptibles de recurso alguno, salvo el de reconsideración ante la autoridad que las dispuso.

Vigésimaquinta. Durante el período a que se refiere la disposición decimotercera, el Consejo de Seguridad Nacional estará presidido por el Presidente de la República e integrado por los miembros de la Junta de Gobierno, por el Presidente de la Corte Suprema y por el Presidente del Consejo de Estado.

Vigésimasexta. Hasta que el Senado entre en funciones continuará funcionando el Consejo de Estado.

Vigesimaséptima. Corresponderá a los Comandantes en Jefe de las Fuerzas Armadas y al General Director de Carabineros, titulares, proponer al país, por la unanimidad de ellos, sujeto a la ratificación de la ciudadanía, la persona que ocupará el cargo de Presidente de la República en el período presidencial siguiente al referido en la disposición decimotercera transitoria, quien deberá cumplir con los requisitos establecidos en el **Artículo** 25, inciso primero de esta Constitución, sin que le sea aplicable la prohibición de ser reelegido contemplada en el inciso segundo de ese mismo **Artículo**. Con ese objeto se reunirán noventa días antes, a lo menos, de la fecha en que deba cesar en el cargo el que esté en funciones. La designación será comunicada al Presidente de la República, para los efectos de la convocatoria a plebiscito.

Si transcurridas cuarenta y ocho horas de reunidos los Comandantes en Jefe y el General Director señalados en el inciso anterior, no hubiere unanimidad, la proposición se hará de acuerdo con lo prescrito en el inciso segundo de la disposición decimoséptima transitoria y el Consejo de Seguridad Nacional comunicará al Presidente de la República su decisión, para los mismos efectos señalados en el inciso anterior.

El plebiscito deberá efectuarse no antes de treinta ni después de sesenta días de la proposición correspondiente y se llevará a efecto en la forma que disponga la ley.

Vigésimaoctava. Si la ciudadanía a través del plebiscito manifestare su voluntad de aprobar la proposición efectuada de acuerdo con la disposición que precede, el Presidente de la República así elegido, asumirá el cargo el mismo día en que deba cesar el anterior y ejercerá sus funciones por el período indicado en el inciso segundo del **Artículo** 25 y se aplicarán todos los preceptos de la Constitución con las siguientes modalidades:

A. El Presidente de la República, nueve meses después de asumir el cargo, convocará a elecciones generales de senadores y diputados, para integrar el Congreso en la forma dispuesta en la Constitución. La elección tendrá lugar no antes de los treinta ni después de los cuarenta y cinco días siguientes a la convocatoria y se efectuará de acuerdo a la ley orgánica respectiva;
B. El Congreso Nacional se instalará tres meses después de la convocatoria a elecciones. Los diputados de este primer Congreso durarán tres años en sus cargos. Los senadores elegidos por las regiones de número impar durarán, asimismo, tres años y los senadores elegidos por las regiones de número par y región metropolitana, así como los designados, siete años, y
C. Hasta que entre en funciones el Congreso Nacional, la Junta de Gobierno continuará en el pleno ejercicio de sus atribuciones, y seguirán en vigor las disposiciones transitorias que rigen el período presidencial a que se refiere la disposición decimotercera.

Vigésimanovena. Si la ciudadanía no aprobare la proposición sometida a plebiscito a que se refiere la disposición vigesimaséptima transitoria, se entenderá prorrogado de pleno derecho al período presidencial a que se refiere la disposición decimotercera transitoria, continuando en funciones por un año más el Presidente de la República en ejercicio y la Junta de Gobierno, con arreglo a las disposiciones que los rigen. Vencido este plazo, tendrán plena vigencia todos los preceptos de la Constitución.

Para este efecto, noventa días antes de la expiración de la prórroga indicada en el inciso anterior, el Presidente en ejercicio convocará a elección de Presidente de la República y de parlamentarios en conformidad a los preceptos permanentes de esta Constitución y de la ley.

El Presidente de la República que resulte elegido por aplicación del inciso anterior durará en el ejercicio de sus funciones por el término de cuatro años, y no podrá ser reelegido para el período inmediatamente siguiente.[87]

Trigésima. En tanto no entre en vigencia la ley orgánica constitucional que determine las seis regiones en cada una de las cuales habrá dos circunscripciones senatoriales, se dividirán, en esta forma, las regiones de Valparaíso, Metropolitana de Santiago, del Maule, del Bío-Bío, de la Araucanía y de Los Lagos.[88]

Trigésimaprimera. El indulto particular será siempre procedente respecto de los delitos a que se refiere el **Artículo** 9.º cometidos antes del 11 de Marzo de 1990. Una copia del Decreto respectivo se remitirá, en carácter reservado, al Senado.[89]

Trigésimasegunda. Mientras no se proceda a la instalación de los gobiernos regionales que se establecen en esta Constitución, los intendentes y los consejos regionales de desarrollo mantendrán su actual composición y atribuciones, de conformidad a la legislación vigente.[90]

---

87 Este inciso fue agregado por el artículo único número 53 de la Ley N.º 18.825, DO 17.08.89.

88 Esta disposición fue agregada por el artículo único número 54 de la Ley N.º 18.825, DO 17.08.89.

89 Esta disposición fue agregada por el número 4 del artículo único de la Ley N.º 19.055, DO 01.04.91.

90 Esta disposición fue agregada por el artículo transitorio de la Ley N.º 19.097, DO 12.11.91.

Trigésimatercera. Los alcaldes y consejos de desarrollo comunal continuarán en el desempeño de sus funciones, de conformidad con la legislación vigente, mientras no asuman los alcaldes y los concejales elegidos en virtud de esta reforma constitucional.

Las elecciones populares que se originen en esta reforma constitucional se efectuarán antes del 30 de junio de 1992. Las de los miembros de los consejos regionales, en la forma que prevea la ley orgánica constitucional respectiva, se celebrarán quince días después de la instalación de los concejos.[91]

Trigésimacuarta. No obstante lo dispuesto en el inciso segundo del **Artículo** 54, para las elecciones de diputados y senadores que corresponda realizar en 1993, no podrán ser candidatos los ciudadanos que resulten elegidos alcaldes, miembros de los consejos regionales o concejales en las elecciones que se celebren en 1992.

Trigésimaquinta. Las elecciones destinadas a renovar los actuales concejos municipales se realizarán el día 27 de octubre de 1996. En todo caso, los concejos se instalarán el día 06 de diciembre del mismo año.

El Secretario Municipal cumplirá las funciones de aquellos concejos que no se constituyan el día señalado, hasta la instalación de éstos.

El período de los alcaldes y concejales en ejercicio se extenderá hasta el día 06 de diciembre de 1996.

El período de los consejeros regionales en ejercicio expirará el 19 de febrero de 1997, aplicándose en lo demás la ley correspondiente.[92]

---

91 Esta disposición fue agregada por el artículo transitorio de la Ley N.º 19.097, DO 12.11.91. El inciso segundo de este artículo fue interpretado por el artículo único de la Ley N.º 19.174, DO 12.11.92. «Artículo único. El plazo contemplad o en la segunda parte del inciso segundo de la disposición Trigésimatercera transitoria de la Constitución Política de la República se contará desde que se hayan instalado todos los concejos.»

92 Este artículo fue incorporado por el artículo único de la Ley N.º 19.448, DO 20.02.96.

Regístrese en la Contraloría General de la República, publíquese en el Diario Oficial e insértese en la Recopilación Oficial de dicha Contraloría.

AUGUSTO PINOCHET UGARTE, General de Ejército, Presidente de la República.

JOSÉ T. MERINO CASTRO, Almirante, Comandante en Jefe de la Armada.

CÉSAR MENDOZA DURAN, General Director de Carabineros.

FERNANDO MATTHEI AUBEL, General del Aire, Comandante en Jefe de la Fuerza Aérea.

Sergio Fernández Fernández, Ministro del Interior.

René Rojas Galdames, Ministro de Relaciones Exteriores.

César Raúl Benavides Escobar, Teniente General, Ministro de Defensa Nacional.

José Luis Federici Rojas, Ministro de Economía, Fomento y Reconstrucción.

Sergio de Castro Spikula, Ministro de Hacienda.

Alfredo Prieto Bafalluy, Ministro de Educación Pública.

Mónica Madariaga Gutiérrez, Ministro de Justicia.

Patricio Torres Rojas, General de Brigada, Ministro de Obras Públicas.

Alfonso Márquez de la Plata Yrarrázaval, Ministro de Agricultura.

René Peri Fagerstrom, General Inspector de Carabineros, Ministro de Bienes Nacionales.

José Piñera Echeñique, Ministro del Trabajo y Previsión Social.

Alejandro Medina Lois, General de Brigada, Ministro de Salud.

Carlos Quiñones López, Contralmirante, Ministro de Minería.

Jaime Estrada Leigh, General de Brigada, Ministro de la Vivienda y Urbanismo.

Caupolicán Boisset Mujica, General de Brigada Aérea, Ministro de Transportes y Telecomunicaciones.

Sergio Badiola Broberg, General de Brigada, Ministro Secretario General de Gobierno.

Lo que transcribo a US. para su conocimiento. Mario Duvauchelle Rodríguez, Capitán de Navío JT, Secretario de Legislación de la Junta de Gobierno.

Tómese razón, comuníquese, regístrese y publíquese. AUGUSTO PINOCHET UGARTE, General de Ejército, Presidente de la República. Sergio Fernández Fernández, Ministro del Interior. Mónica Madariaga Gutiérrez, Ministro de Justicia.

Libros a la carta

A la carta es un servicio especializado para
empresas,
librerías,
bibliotecas,
editoriales
y centros de enseñanza;
y permite confeccionar libros que, por su formato y concepción, sirven a los propósitos más específicos de estas instituciones.

Las empresas nos encargan ediciones personalizadas para marketing editorial o para regalos institucionales. Y los interesados solicitan, a título personal, ediciones antiguas, o no disponibles en el mercado; y las acompañan con notas y comentarios críticos.

Las ediciones tienen como apoyo un libro de estilo con todo tipo de referencias sobre los criterios de tratamiento tipográfico aplicados a nuestros libros que puede ser consultado en Linkgua-ediciones.com.

Linkgua edita por encargo diferentes versiones de una misma obra con distintos tratamientos ortotipográficos (actualizaciones de carácter divulgativo de un clásico, o versiones estrictamente fieles a la edición original de referencia).

Este servicio de ediciones a la carta le permitirá, si usted se dedica a la enseñanza, tener una forma de hacer pública su interpretación de un texto y, sobre una versión digitalizada «base», usted podrá introducir interpretaciones del texto fuente. Es un tópico que los profesores denuncien en clase los desmanes de una edición, o vayan comentando errores de interpretación de un texto y esta es una solución útil a esa necesidad del mundo académico.

Asimismo publicamos de manera sistemática, en un mismo catálogo, tesis doctorales y actas de congresos académicos, que son distribuidas a través de nuestra Web.

El servicio de «libros a la carta» funciona de dos formas.

1. Tenemos un fondo de libros digitalizados que usted puede personalizar en tiradas de al menos cinco ejemplares. Estas personalizaciones pueden ser de todo tipo: añadir notas de clase para uso de un grupo de estudiantes,

introducir logos corporativos para uso con fines de marketing empresarial, etc. etc.

2. Buscamos libros descatalogados de otras editoriales y los reeditamos en tiradas cortas a petición de un cliente.

www.ingramcontent.com/pod-product-compliance
Lightning Source LLC
Chambersburg PA
CBHW022046190326
41520CB00008B/718